Katrin Höfer
Patiencen

Katrin Höfer

Patiencen

Für Anfänger und Fortgeschrittene
Neue Beispiele und Varianten
Aufgaben und Lösungen

6. Auflage

humboldt

Bibliografische Information der Deutschen Nationalbibliothek
Die Deutsche Nationalbibliothek verzeichnet diese Publikation in der Deutschen Nationalbibliografie; detaillierte bibliografische Daten sind im Internet über http://dnb.de abrufbar.

ISBN 978-3-86910-179-8 (Print)
ISBN 978-3-86910-295-5 (PDF)
ISBN 978-3-86910-230-6 (EPUB)

Die Autorin: Katrin Höfer, Journalistin und Buchautorin, ist seit vielen Jahren passionierte Patiencen-Spielerin. Sie steht in regem Kontakt mit vielen Spiele-Clubs und hat zahlreiche Spiele sowie deren Regeln festgehalten. Die Autorin hat zahlreiche Bücher zu Spielethemen veröffentlicht, bei humboldt u.a. „Ratgeber Bowling“ (2. Auflage, ISBN 978-3-86910-162-0) und „Das große Kegelbuch“ (2. Auflage, ISBN 978-3-89994-195-1).

Die Abbildungen auf den Seiten 63, 97 und 147 sind dem Buch „1 x 1 der Kartenspiele“ entnommen (humboldt, ISBN 978-3-86910-175-0). Alle übrigen Abbildungen stammen von der Autorin.

6. Auflage

Die Ratgebermarke der Schlütersche Fachmedien GmbH
Hans-Böckler-Allee 7, 30173 Hannover
www.humboldt.de
www.schluetersche.de

Covergestaltung: DSP Zeitgeist GmbH, Ettlingen
Innengestaltung: akuSatz Andrea Kunkel, Stuttgart
Titelfoto: DSP Zeitgeist
Satz: PER MEDIEN & MARKETING GmbH, Braunschweig
Druck und Bindung: gutenberg beuys feindruckerei GmbH, Langenhagen

Gedruckt mit mineralölfrei hergestellten Druckfarben und Strom aus erneuerbaren Energien. Die eingesetzten Klebe- und Bindestoffe entsprechen den derzeitigen Umweltstandards, die vom RAL Institut für Gütesicherung und Kennzeichnung geprüft wurden. Die Druckplattenentwicklung erfolgte mit reduziertem Einsatz von Chemikalien.

Inhalt

Vorwort 8

Die Geschichte der Patience 10

Was ist eigentlich eine Patience? 12

Die schönsten Patiencen von A – Z 16

Abzähl-Patience 16
Abzähl-Patience mit Pfiff 16
Acht-Päckchen-Patience 17
Achtzehn Fächer und einer 18
Apartheid 20
Aribert 25
Bäckerspiel 29
Bildergalerie 30
Brücke 34
Canfield 35
Das vertauschte Kruzifix 37
Der Gefangene 39
Der große Napoleon 41
Der kleine Napoleon 43
Die böse Sieben 46
Die gute Dreizehn 50
Die Hochzeit 51
Die Räuber kommen 52
Diktator 54
Dreiblatt 55
Dreizehnmal vier 55
Eiffelturm 56

Einstein 58
Eisbrecher 61
Fächer 63
Familientag 67
Flickenteppich 70
Fürst Bismarck 73
Galerie 78
Genesungspatience 78
Gleiche Farben zudecken 81
Golf 81
Hahn im Korb/Harem 82
Hänsel und Gretel 84
Harfe 86
Herz zu Herz 89
Hochzeitspaar 90
Hunde ins Körbchen 90
Kalkulation 92
Klondike 98
Kolosseum 99
Königin, König und Kronprinz 102
Königin von Italien 103
Königskerze 104
Königsspiel 107
Launische Damen 108
Max und Moritz 112
Neunerspiel 113
Perserbrücke 114
Poker Squares 116
Posten 117
Pounce 117
Pyramide 118

Quadrat ... 118
Rachel ... 119
Rangierbahnhof ... 120
Rom ist nah ... 125
Rot und Schwarz ... 127
Schmetterling ... 128
Schottische Patience ... 130
Shamrock ... 130
Sonne ... 131
Spielkasino ... 133
Treppe ... 134
Turnerriege ... 136
Uhr ... 137
Vater, Mutter und Kinder ... 139
Vier Damen ... 140
Viereck ... 141
Vier Ecken ... 141
Windrad ... 143
Zankpatience ... 146
Zehn oder Zwanzig (Tonne) ... 150
Zopf ... 151
Zwei bis Ass ... 154
Zwei Flügel ... 155
Zweimal vier ... 157

Anhang ... 158
Patiencen: Die wichtigsten Begriffe von A–Z ... 158
Literaturhinweise ... 159

Vorwort

Kaum ein Kartenspiel ist weltweit so verbreitet und erfreut sich so großer Beliebtheit wie die Patience. Vermutlich gibt es sogar mehr Spiele aus der Familie der Patience als andere Kartenspiele zusammengenommen. Der britische Autor und Spiele-Experte David Parlett hat in seinem Buch „Book Of Patience" mehr als 500 Varianten beschrieben. Und es gibt immer noch neue Möglichkeiten: Der Fundus an neuen Spielideen scheint unerschöpflich!

Aktuell erlebt die Patience auch durch Internet und Computerspiele eine Renaissance, denn ein bekanntes Betriebssystem liefert ein Patience-Spiel für den Bildschirm gleich gratis mit.

Es ist aber unwichtig, ob Sie nun mit einer Tastatur am Bildschirm sitzen oder mit Spielkarten am Tisch: Patience ist ein Kartengeduldspiel, das hohe Aufmerksamkeit erfordert. Es schult das Denkvermögen, fördert die Kombinationsfähigkeit, entspannt und beruhigt zugleich. Patiencen kann man zum reinen Zeitvertreib spielen, sie können auch der Meditation dienen sowie das vorausschauende Denken trainieren. Mit „echten" Karten an einem Tisch zu spielen (statt an einem Bildschirm) macht dabei immer noch die meiste Freude.

Schon Kinder spielen gerne einfache Patiencen, wenn man es ihnen geduldig erklärt. Kinder lernen hierdurch mit viel Spaß eine gewisse Selbstdisziplin kennen und schulen so ihr logisches und strukturiertes Denken.

Was viele nicht wissen: Patiencen können auch mit bis zu 8 Spielern gespielt werden! Dieses Buch bietet eine Sammlung von alten und neuen Patiencen mit unterschiedlichem Schwierigkeitsgrad und einer Spieldauer von 5 Minuten bis zu einer Stunde.

MEIN TIPP

Gehen Sie mit „Geduld“ an die Sache heran!

Ich wünsche Ihnen nun viel Spaß bei der Lektüre des Buches und dem anschließenden praktischen Spiel. Mögen Ihre Patiencen stets aufgehen!

Katrin Höfer
August 2010

Die Geschichte der Patience

Das Wort „Patience“ bedeut sowohl im Französischen als auch im Englischen so viel wie „Geduld“. Patience ist also ein Geduldsspiel, das vorzugsweise nur von einer Person gespielt wird. Daher auch der amerikanische Name „Solitaire“, unter dem Patiencen in Nordamerika bekannt sind. Franklin D. Roosevelt war erwiesenermaßen ein Liebhaber dieses Spiels, und Somerset Maugham erwähnt das „Spider solitaire“ in seinem Roman „The Gentleman in the Parlour“. Auch Paganini und Winston Churchill spielten Patience.

Wie bei vielen Spielen, so ist auch hier der Ursprung der Patience schwer zu ergründen. Schön wäre es, eine Urkunde zu finden im Stile von „Im Jahre des Herrn ... hat Hans Mustermann die Patience erfunden“. Leider gibt es solche Dokumente und Urkunden aber nicht. Übrigens auch nicht zu anderen bekannten Kartenspielen wie Poker, Bridge, Skat oder Doppelkopf.

Alle diese Spiele haben sich entwickelt, seitdem um ca. 1300 in Italien die ersten Spielkarten auftauchten. Vor allem im sechzehnten Jahrhundert wurden viele Spiele aktiv „erfunden“, mit oft vielen Variationen.

Patiencen werden auch oft in der hohen Literatur beschrieben: In Charles Dickens Erzählung „Große Erwartungen“ („Great Expectations“) zum Beispiel, oder in „Die Brüder Karamazov'“ von Dostojewski, wo eine der Romanfiguren eine Patience spielt. Hugo Kastner, Autor des Standardwerkes „Die große humboldt Enzyklopädie der Kartenspiele“, berichtet von einer Legende, nach der ein französischer Adliger in einsamer Haft in der Pariser Bastille die Patience (frz: Geduld) erfand, bevor er hingerichtet wurde. Aber wie hätte sich dieses Spiel dann verbreitet?

Wahrscheinlicher ist es aber, so Kastner, dass die ersten Patiencen im Deutschland des 18. Jahrhunderts entstanden sind. Dies belegen Erwähnungen in der 1783 erschienen Anthologie **„Das neue Königliche L'Hombre-Spiel"**, wo die „Patience" und die verwandte „Cabale" aufgeführt werden. In dem Buch **„Der neue Spielalmanach für 1798"** wird das Patiencespiel als Wettbewerb für zwei Spieler beschrieben, die auf die nächste aufgedeckte Karte wetten.

Die baldige Ausbreitung über Europa und die besondere Beliebtheit in Frankreich haben dann zu den französischen Ausdrücken geführt. Die französische Sprache war damals ohnehin so allgegenwärtig wie heute das Englische, dem wir aktuell viele Wörter in unserem Sprachgebrauch verdanken.

Unzweifelhaft aber hat Napoleon in seiner Isolation (und wohl auch schon davor) Patience gespielt. Die dem Kaiser der Franzosen gewidmeten Patiencen („Der Große Napoleon" und „Der Kleine Napoleon") werden natürlich in diesem Buch vorgestellt.

Heutzutage finden sich Patience-Spiele auf nahezu jedem Computer, gratis mitgeliefert vom Hersteller. So hat dieses schöne Spiel vom Mittelalter den Sprung in die digitale Welt geschafft!

Was ist eigentlich eine Patience?

Wortgetreu übersetzt heißt Patience bekanntlich Geduld. Für die einfache Patience, deren Spielablauf allein davon abhängt, wie die Karten fallen, ohne dass dies mit dem Verstand beeinflussbar ist, trifft das zu. Daneben gibt es aber viele Patiencen, deren Gelingen genauso vom Planen, Abwägen und Vorausdenken abhängt wie etwa das Schachspiel.

Alle Patiencen haben dies gemeinsam: Durch Auslegen und Ordnen nach einem Schema müssen die Karten in eine Reihenfolge gebracht werden, die bei den einzelnen Patiencen recht unterschiedlich ist. Gemeinsam haben alle Patiencen auch, dass Karten nach verschiedenen Vorschriften „geordnet" werden müssen – aufsteigend, absteigend, nach Farbsequenzen oder auch ganz anderen Kriterien.

Gespielt wird in der Regel mit einem oder zwei französischen Kartenspielen zu je zweiundfünfzig Blatt. Da Sie mitunter ein große Auslagefläche benötigen, empfiehlt sich die Anschaffung spezieller Patience-Karten, die nur halb so groß sind wie normale Skat-Blätter. Diese bekommen Sie oft in sehr schöner Gestaltung, was den Reiz des Spieles noch erhöht. Talon nennt man den Kartenstapel, von dem diese Karten nacheinander gezogen werden.

TIPP

Nutzen Sie ein kleineres Kartenspiel als üblich. Sie finden kleinere, sogenannte Patience-Spiele bei vielen Anbietern. Oft sind diese besonders schön gestaltet und empfehlen sich als Geschenk.

Zum besseren Verständnis klären wir zunächst gewisse Ausdrücke, die immer wieder vorkommen:

♣	♠	♥	♦
Kreuz	Pik	Herz	Karo
(schwarz)	(schwarz)	(rot)	(rot)

Ein **Spiel** besteht aus einhundertundvier Karten, also aus zwei Kartenpäckchen von je zweiundfünfzig Blatt, mit denen sich alle Patiencen von 32 bis 104 Karten legen lassen. Jedes Spiel teilt sich in vier Farben – Kreuz (Treff), Pik, Herz, Karo – zu je 13 Karten. Der Ausdruck „Farbe“ hat also nichts mit Schwarz oder Rot zu tun. Die Reihenfolge der Karten lautet: 1 (= Ass), 2, 3, 4, 5, 6, 7, 8, 9, 10, Bube, Dame, König. In der Reihenfolge vom Ass zum König sind die Karten nach steigenden Werten geordnet. Jede der vier Farben in einer Reihenfolge nennt man einen „Stamm“ oder eine „Familie“, mehrere aufeinanderfolgende Karten eines „Stammes“ bilden eine „Flöte“.

Grundregeln:

1. Vor Beginn eines Spieles müssen die Karten gut gemischt und abgehoben werden.
2. Beim Auflegen muss der Talon (so nennt man die Karten, die man nach Auslegen der Figur als Päckchen in der Hand behält) die Rückseite der Karten zeigen.
3. Bei jeder Patience wird zunächst mit den Karten der aufgelegten Figur gespielt, sofern dies möglich ist, dann erst beginnt das Aufdecken und Durchspielen des Talons.

Das Ziel der meisten Patiencen liegt darin, die ungeordnet ausgelegten Karten – je nach Spielart – auf dazu bestimmten Haupt- oder Grundkarten wieder zu Stämmen bzw. Familien zu vereinigen: aufbauend bei steigenden, abbauend bei fallenden Werten. Die auf den Hauptkarten sich häufenden Karten heißen „Hauptpäckchen". Es gibt auch Patiencen mit anderen Zielen, alle finden jedoch mit dem „Aufgehen" der Patience ihre Lösung und ihr Ende.

Jedes Päckchen setzt sich, wie schon gesagt, aus den sogenannten **Farben** zusammen. Hierbei ist zu bedenken, dass es sich hier nicht um Farben im Sinne von „bunt" handelt, sondern eher um Bilder. Die vier Farben sind: **Kreuz, Pik, Herz** und **Karo.** Eine jede umfasst dreizehn Karten folgender Werte: eins (= Ass), zwei, drei, vier, fünf, sechs, sieben, acht, neun, zehn, Bube, Dame, König.

Diese vier Reihenfolgen sind, wie erwähnt, die **Stämme** oder auch **Familien.** „Echte Stämme" stellen die steigende oder fallende Folge von Ass (Eins) bis König in derselben Farbe dar. Als „unechte Stämme" bezeichnet man eine Reihenfolge, in der die Farben gemischt sein dürfen, also: Kreuz, Pik, Herz und Karo wechseln einander ab, d.h. schwarze Karten – hier ist nun wirklich die Farbe Schwarz gemeint – mit roten.

Nicht immer werden alle Karten sogleich ausgelegt, sondern ein Teil bleibt als sogenannter **Talon** in der Hand des Spielers, und zwar immer so, dass die Rückseite obenauf liegt.

Außerdem fordern manche Patiencen auch noch einen Hilfsstapel, der entweder sofort ausgelegt wird oder im Verlauf des Spieles erscheint und abgebaut werden muss, um die Patience zur Lösung, dem **Aufgehen,** zu bringen.

Die zunächst auszulegenden Karten sind das **Bild,** dessen jeweiliger Aufbau den Gang der Patience bestimmt.

TIPP

Im Anhang auf Seite 158 finden Sie ein kleines Lexikon mit Patience-Begriffen.

Nicht immer brauchen wir alle einhundertundvier Karten. Es gibt Patiencen, bei denen nur zweiunddreißig Karten Verwendung finden oder zweiundfünfzig. Das sogenannte **Skatblatt** (32 Karten) umfasst viermal acht Karten, nämlich in Kreuz, Pik, Herz und Karo die Folge: sieben, acht, neun, zehn, Bube, Dame, König, Ass. Die Karten zwei, drei, vier, fünf und sechs müssen also vor dem Abspielen solcher Patiencen entfernt werden.

TIPP

Ganz einfache Patiencen, z. B. das Viereck oder die Abzähl-Patience, erfordern wenig Denkarbeit und sind auch für Kinder geeignet. Sie haben oft großen Spaß daran und lernen beim Legen solcher Patiencen das Kartenbild und die Reihenfolge sowie die Werte der einzelnen Karten kennen.

Zwar kann man Patiencen allein spielen, aber viele Patiencen, besonders die komplizierten, machen mehr Spaß, wenn man sie zu zweit oder sogar mit bis zu acht Spielern spielt.

Die schönsten Patiencen von A – Z

Abzähl-Patience

Spielerzahl: 1 Schwierigkeit: leicht
Spieldauer: 5 – 10 Minuten Karten: 32 Skatkarten

Diese Patience ist für Anfänger (und Kinder!) besonders gut geeignet: Ein Skatblatt wird offen ausgelegt in vier Reihen zu je acht Karten. Jetzt zählt man – links oben beginnend – Reihe für Reihe durch, und zwar: sieben, acht, neun, zehn, Bube, Dame, König, Ass. Gerät man dabei an Karten, die dem ausgezählten Wert entsprechen, nimmt man sie aus dem Spiel und legt sie beiseite.

Wenn man bei der letzten Karte der vierten Reihe angelangt ist, zählt man oben links bei der ersten Reihe weiter. Da mit der Zeit die Lücken immer größer werden, die durch die weggenommenen Karten entstanden sind, dürfen diese durch Zusammenschieben der noch im Spiel befindlichen Karten ausgeglichen werden.

Gelingt es, durch dieses Auszählen alle Karten vom Tisch zu bringen, ist die Patience aufgegangen.

Abzähl-Patience mit Pfiff

Spielerzahl: 1 Schwierigkeit: leicht
Spieldauer: 5 – 10 Minuten Karten: 52 Patiencekarten

Auch diese Patience ist für Anfänger und Einsteiger gut geeignet: Ein Kartenspiel mit zweiundfünfzig Karten wird verdeckt auf den Tisch gelegt. Karte für Karte wird umgedreht, wobei gezählt wird: „Ass, zwei, drei, vier, fünf, sechs, sieben, acht, neun, zehn, Bube, Dame, König, Ass, zwei, drei ...“ und so fort. Entspricht die aufgedeckte Karte dem jeweils ausgerufenen Wert – erscheint bei „Ass“ also wirklich ein Ass, bei „Bube“ wirklich ein Bube –, dann wird diese Karte aus dem Spiel genommen und beiseitegelegt. Diese Patience ist auch für Kinder gut geeignet.

Es kann vorkommen, was aber selten geschieht, dass beim Durchzählen keine einzige Karte dem ausgerufenen Wert entspricht. Dann ist die Patience gescheitert.

Nach dem ersten Durchgang wird der Talon – die aussortierten Karten spielen jetzt **nicht** mehr mit – neu gemischt. Wieder wird abgezählt und weggelegt. Schließlich folgt noch ein dritter Durchgang. Ist es nun nicht gelungen, alle Karten beiseitezulegen, gilt die Patience als gescheitert.

Acht-Päckchen-Patience

Spielerzahl: 1 — Schwierigkeit: mittel
Spieldauer: 5–10 Minuten — Karten: 32 Skatkarten

Alle zweiunddreißig Karten eines Skatblattes werden so ausgelegt: Achtmal je drei Karten verdeckt, und auf diese dann achtmal je eine offene Karte. Jetzt prüfen Sie das Bild, ob jeweils zwei Karten gleichen Wertes dabei sind, also etwa: zwei Buben, zwei Zehnen ... Die **Farben** spielen dabei keine Rolle. Sollten – was sehr selten vorkommt – überhaupt keine Paare gleichen Wertes aufliegen, also je eine Sieben, eine Acht, eine Neun und so fort bis zum Ass, dann ist die Patience von vornherein gescheitert.

Paare gleichen Wertes werden abgezogen und weggelegt. Die darunter freigewordenen Karten werden gewendet. Wieder werden Paare gleichen Wertes weggelegt. Das geht so fort, bis die acht Päckchen restlos aufgelöst sind. Gelingt das, ist die Patience aufgegangen.

Wenn drei Karten gleichen Wertes aufliegen, dann hat der Spieler eine schwierige Wahl, da immer nur zwei weggelegt werden dürfen.

Er darf sich die darunter liegenden Karten ansehen. Handelt es sich beispielsweise um je drei Asse, wird er auf jeden Fall eines weglegen, unter dem (verdeckt) nochmals ein Ass liegt, weil er andernfalls Gefahr läuft, die Auflösung zu blockieren.

Ist die Patience aber bereits so weit gediehen, dass unter einer der drei gleichwertigen Karten gar keine verdeckte mehr liegt, lässt er diese unangetastet und nimmt die beiden anderen. Wo nichts mehr verdeckt liegt, kann auch nichts blockiert werden!

Achtzehn Fächer und einer

Spielerzahl: 1 Schwierigkeit: sehr hoch
Spieldauer: 15–30 Minuten Karten: 2 x 52 Patiencekarten

Die Fächer-Patience wird an anderer Stelle in diesem Buch vorgestellt. Sie sollten sich zunächst die „normale" Fächer-Patience anschauen und erst dann hier weiterlesen. Dies ist eine weitaus schwierigere, aber sehr interessante Variante für erfahrene Spieler. Zwei Spiele zu zweiundfünfzig Blatt werden gemischt. Ziel ist es, acht echte Familien auf den Assen aufzubauen. Sie ziehen vom verdeckten Talon immer je drei Karten ab, die Sie fächerförmig offen auslegen, bis achtzehn Fächer vor Ihnen liegen. Die Asse werden **nicht** aussortiert, sondern sie werden über das Bild gelegt, wenn sie durch Abbau der Fächer frei werden. Solche also, die zufällig gleich rechts außen liegen, kommen gleich über das Bild. Jetzt beginnen Sie mit unserem Bau. Immer darf nur **eine** Karte von rechts außen fortgenommen werden, also keine **Folge.**

An die Fächer bauen wir fallend, eine etwa rechts außen liegende Kreuz-Dame kommt also an einen Kreuz-König rechts außen. (Beim Anbau passender Karten vergrößert sich die Zahl der Karten eines Fächers). Was auf Asse passt, wird an diese gelegt, also eine freie Herz-Zwei aufs Herz-Ass, eine Karo-Zehn auf die Karo-Neun einer bis zu dieser bereits gebauten Karo-Familie.

Wird bei diesem Bau ein Fächer völlig aufgelöst, ersetzen Sie ihn durch einen neuen vom Talon. Dies sind nun neue Möglichkeiten. Bitte beachten Sie, dass immer nur **eine** Karte rechts außen am Fächer bewegt werden darf.

Anders aber, wenn irgendwann eine fallende Folge entstanden ist, deren äußerste Karte den Anschluss an eine Ass-Familie bildet. Sie darf nun völlig abgebaut werden: Herz-Ass, Herz-Zwei, Herz-Drei, Herz-Vier sind bereits gebaut. An einem Fächer liegen, von außen nach innen betrachtet, Herz-Fünf, Herz-Sechs, Herz-Sieben. Diese ganze Folge darf auf die Herz-Ass-Reihe gebaut werden.

Wenn nichts mehr geht, wird vom Talon ein neunzehnter Fächer gezogen und ausgelegt. Sind alle drei Karten dieses Fächers zu verwenden, lässt er sich also auflösen und wird durch einen neuen neunzehnten Fächer vom Talon ersetzt. Ist er aber **nicht** völlig auflösbar, wird er wieder eingenommen und verdeckt beiseitegelegt. Dies auch dann, wenn seine rechts außen liegende Karte gepasst hätte oder auch noch die hinter dieser gelegene Mittelkarte des Fächers.

Für den weggelegten oder aufgelösten Hilfsfächer wird ein neuer vom Talon abgezogen und ausgelegt. So geht es weiter, bis der Talon aufgebraucht ist. Die wegen Unauflösbarkeit weggelegten Hilfsfächer werden zusammen mit dem ganzen ausgelegten Bild eingenommen. Allein die Ass-Familien bleiben liegen. Die eingenommenen gemischten Karten werden wieder fächerförmig ausgelegt und, falls genügend da sind, wieder zu achtzehn Fächern gelegt. Sind dann noch Karten im Talon vorhanden, werden sie allein dazu benutzt, an die Stelle durch Ab- bzw. Anbau aufgelöster Fächer gelegt zu werden. Ein neunzehnter Hilfsfächer ist bei diesem zweiten Durchgang nicht erlaubt. Alles muss sich nun auflösen, sodass alle Karten am Ende in acht Familien untergebracht sind, die mit dem Ass beginnen und mit dem König enden.

Mitunter ergeben sich mehrere Möglichkeiten. Sie sollten immer die Asse freilegen. Könige aber sind die letzten Karten, die wir zur Vollendung unserer Ass-Familien benötigen. Daher müssen Sie auch darauf achten, fallende Folgen, vielleicht von der Acht bis zum König, sofort auf unsere entsprechende Ass-Familie zu bauen, sofern auf dieser bereits die Anschlusskarte liegt, in unserem Fall also eine Sieben.

Sofern Sie die Regel streng beachten, dass von einem Fächer zum anderen immer nur eine Karte rechts außen bewegt werden darf, geht die Patience nicht leicht auf!

Apartheid

Spielerzahl: 2 – 4 | Schwierigkeit: mittel pro Spieler
Spieldauer: 45 – 60 Minuten | Karten 2 x 52 Patiencekarten

Apartheid ist die Bezeichnung für die gottlob längst überwundene strenge Rassentrennung in der Südafrika. Der Name für diese heitere

Mehrpersonen-Patience kann diskutiert werden, passt aber gut, denn er bezieht sich auf echte und unechte Familien, die getrennt voneinander gelegt werden.

Es sollten nicht mehr als vier Teilnehmer sein, weil es andernfalls ein wenig unübersichtlich wird. Jeder Spieler hat zwei Spiele zu je zweiundfünfzig Blatt. Diese sollten unterschiedlich sein, also von verschiedenen Herstellern, damit Sie diese auseinanderhalten können.

Als Spielbeispiel nehmen wir drei Spieler. Jeder hat seine gut gemischten beiden Päckchen zu einem Talon vereinigt verdeckt vor sich liegen.

Spieler A beginnt zieht die oberste Karte von seinem Talon und legt sie offen mitten auf den Tisch. Dies ist jetzt unsere „Zentralkarte". Da von ihr noch fünf weitere „draußen" sind (jeder der drei Spieler hat in jedem seiner beiden Kartenpäckchen je eine davon, was zusammen sechs ergibt), werden diese fünf im Spielverlauf zu der ersten Zentralkarte gelegt.

Beispiel: A hat eine Herz-Vier gezogen und aufgelegt. Fünf weitere Herz-Vieren werden also im Spielverlauf um diese erste herumgruppiert. Auf diesen Zentralkarten wird „echt" aufgebaut, und zwar steigend. Auf Herz-Vier also Herz-Fünf, Herz-Sechs ..., Herz-König, Herz-Ass, Herz-Zwei, Herz-Drei. Grundkarten sind für dies Spiel also die Vieren, Schlusskarten sind die Dreien.

Jeder Spieler hat sechs weitere Vieren, außer den beiden Herz-Vieren, in seinem Doppelblatt, nämlich zweimal Karo-Vier, zweimal Pik-Vier und zweimal Kreuz-Vier. Auch **diese** Vieren werden im Spielverlauf ausgelegt, aber in höflichem Abstand um die „aparten" (getrennt gelegten) Herz-Vieren herum bzw. um die auf ihnen gebauten echten

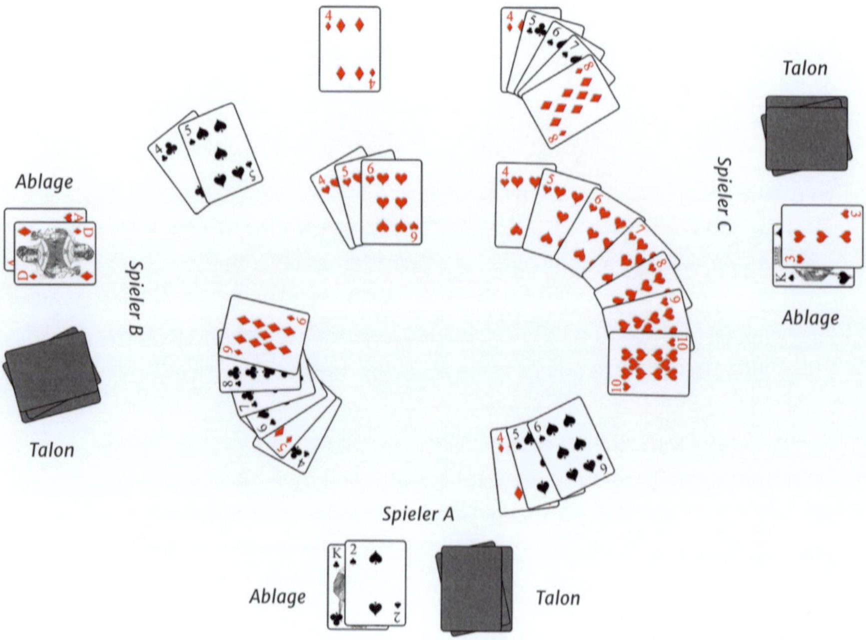

„Apartheid" kann auch mit vier Spielern gespielt werden. Hier ein Beispiel mit drei Spielern

Familien. Im Ganzen müssen dann also irgendwann insgesamt vierundzwanzig Vieren ausliegen (jeder hat insgesamt acht, dreimal acht aber ergibt vierundzwanzig). Auf die Vieren aber, die **nicht** Herzfarbe haben, wird – ebenfalls steigend – ganz beliebig gebaut, wie sich's gerade trifft; auf Karo-Vier z. B. kann also Kreuz- oder Pik-Fünf kommen, auf Kreuz-Fünf Pik- oder Karo-Fünf. Bloß keine Herzkarten, denn die kommen allesamt auf die getrennt gelegten („aparten") Familien! Nachdem die erste Zentralkarte derart ermittelt und ausgelegt worden ist, zieht Spieler A eine zweite Karte vom Talon. Passt sie zufällig auf die Herz-Vier, ist sie also eine Herz-Fünf, kommt sie sofort auf ihre Zentralkarte. Ist es eine Vier einer anderen Farbe, wird sie auch ausgelegt. Die jeweils oberste der unbrauchbaren, vom Talon abgezogenen und nebenbei abgelegten Karten darf zum Bau immer mitbenutzt werden.

Geht bei A nichts mehr zu legen bzw. ging von vornherein nichts auszulegen außer der Herz-Vier, so „gibt A ab", und der Spieler zu seiner Linken ist am Zuge. Und so geht das weiter, immer reihum. Sind die Aus- und Anlegemöglichkeiten anfangs sehr gering, werden sie im Spielverlauf immer besser. Man muss sehr gut aufpassen, um keine Anbaumöglichkeit zu versäumen. Übersieht der Spieler, der gerade am Zuge ist, eine Chance, darf „geklopft" werden. Er muss dann sofort abgeben an seinen Nachbarn zur Linken. Zu bemerken ist noch, dass jeder Spieler nicht nur die Auslage auf dem Tisch beachten muss, sondern auch die jeweils oberste, offen abgelegte Karte der unbrauchbaren vom Talon. Auf sie darf er nämlich ebenfalls „bauen" und zwar gleich welche Farbe **und** auch **gleich,** ob steigend oder fallend! Bei A liegt zum Beispiel auf dem Ablagestapel obenauf offen ein Pik-Bube. Zieht Spieler C nun eine Dame **oder** einen König, gleich welcher Farbe, außer Herz, darf er diese bei A auf dessen Ablagestapel legen und nun eine weitere Karte von seinem Talon abziehen. Liegt bei A **und** bei B eine Karte offen auf deren Ablagestapel, an die C eine nächstgezogene anlegen kann, dann verfährt er nicht nach Belieben, sondern „bestückt" immer jenen, der ihm – linksherum im Uhrzeigersinn – am nächsten sitzt.

Wie gesagt: Unsere „Apartheid" ist Spiel und Patience zugleich. Was die **Patience** betrifft, so gilt sie als aufgegangen, wenn am Ende alle Familien fertig gebaut sind, in unserem Beispiel also allesamt mit einer Vier beginnen und mit einer Drei enden. Unabhängig davon hat aber jeder Spieler noch seine besonderen Gewinnchancen. Derjenige nämlich, dem es gelingt, die jeweils letzte Karte auf eine nunmehr fertige Familie zu bauen, darf die ganze Familie einnehmen. Sie „spielt nun nicht mehr mit“, zählt aber für ihren Einheimser entweder einen Punkt oder fünf Punkte. Einen Punkt gibt es für jede **nicht** „aparte“ Familie, fünf Punkte aber gibt es für jede „aparte“, in unserem Beispiel also für jede fertige, steigend gebaute echte Herz-Familie. Schließlich darf auch jener Spieler drei Punkte für sich verbuchen, der als Erster alle seine Karten losgeworden ist, d.h. keinen Talon mehr hat und auch keinen Ablagestapel.

Stockt die Patience irgendwann, geht sie also **nicht** auf, ist das Spiel beendet. Sieger ist dann also, wer die meisten Punkte hat, gleichviel, wie viel Karten noch „draußen“ sind.

Etwa bis zum achten „Umlauf“ kann sich folgendes Bild ergeben haben: Spieler C ist am Zug. Seine auf dem Ablagestapel liegende Drei kann er **nicht** auf die Pik-Zwei von A packen, denn es ist ja eine Herz-Drei. Zieht er als nächste Karte aber vielleicht ein Kreuz-Ass vom Talon, packt er dies auf die Pik-Zwei von A, denn dort darf ja fallend **oder** steigend gebaut werden, gleichviel, welche Farbe, außer Herz!

Der „Tisch“ weist nun schon eine Reihe wachsender Familien auf, in der Mitte die von den anderen getrennten, echten, **„aparten“**; drumherum die unechten. Allesamt hier aber steigend.

Wir haben das Bild in der Grafik (Seite 22) schuppenförmig ausgelegt. Sie brauchen dies natürlich nicht zu tun, sondern können auch Karte auf Karte packen.

Das Spiel geht weiter, und Spieler B hat alle seine Karten untergebracht. Er scheidet aus, A und C aber spielen weiter. Bleibt schließlich nur noch

A übrig, weil auch C keine Karten mehr hat, zieht A so lange Karten ab, wie sich für ihn noch Möglichkeiten ergeben. Bleiben ihm am Ende noch Karten übrig, ist die Patience zwar gescheitert, aber es kommt ja noch die Punkteabrechnung.

Zu beachten ist, dass immer der **Tisch** Vorrang hat. Wird also eine Karte vom Talon abgezogen, die sowohl an eine **Familie** auf dem **Tisch** passt als auch auf eine der offenen Oberkarten von den Ablagestapeln, muss diese Karte auf dem **Tisch** angebaut werden!

Aribert

Spielerzahl: 1 | Schwierigkeit: hoch
Spieldauer: 15 – 30 Minuten | Karten: 2 x 52 Patiencekarten

Diese Patience verdankt ihren Namen dem deutschen Schriftsteller, Bühnen- und Filmschauspieler Aribert Wäscher (1895 –1961). Viele künstlerisch tätige Menschen spielen gerne Patiencen. Aribert Wäscher war zu seiner Zeit eine Berühmtheit („Orpheus“) und wurde sogar mit dem Bundesverdienstkreuz ausgezeichnet.

So ist diese Patience überliefert: Zwei Spiele zu je zweiundfünfzig Blatt werden gut gemischt. Eine waagerechte Reihe zu zwölf Karten wird verdeckt ausgelegt, schuppenförmig darüber eine offene Reihe zu zwölf Karten, dann wieder eine verdeckte und schließlich noch eine offene. Die übrigen Karten bleiben als Talon verdeckt in der Hand.

Es gilt nun, immer in fallender Folge rote Karten an schwarze zu legen, schwarze an rote, wobei die Farben keine Rolle spielen. Es darf also an Herz entweder Pik oder Kreuz gelegt werden, ebenso auch an Karo. An Pik und Kreuz darf entweder Herz oder Karo gelegt werden.

Wir prüfen nun unser Bild zunächst auf solche Möglichkeiten. Geht nichts mehr, legen wir vom Talon eine weitere offene Zwölferreihe schuppenförmig an, wobei zu beachten ist, dass frei daliegende Asse unbesetzt bleiben bzw. alle solche Reihen, die mit Ass beginnen und an denen schon König, Dame und so weiter in richtiger Folge liegen. Dort, wo wir eine Karte wegnehmen, um sie anzulegen, wird die darunter liegende verdeckte umgedreht und darf nun mitverwendet werden.

Oder aber, wenn wir schon bis zur zweiten Reihe von oben vorgedrungen sind, die offen ausliegt, dürfen Karten aus dieser Reihe auch zum Anbau verwendet werden. Gelangen Sie so an die oberste – verdeckte – Reihe und können aus ihr Karten zum Anbau verwenden, so werden auf die dadurch entstandenen Freiplätze Asse und/oder angefangene Ass-Reihen gelegt. Haben wir solche aber nicht, werden die Freiplätze der obersten Reihe bei der nächsten Auslage wieder mit einer Karte vom Talon besetzt.

Ziel ist es, in einem Durchgang alle Karten so zu ordnen, dass am Ende acht Häufchen daliegen, jedes mit einem Ass beginnend und mit einer Zwei endend. Komplette Familien werden zusammengeschoben und weggelegt.

Betrachten Sie nun unsere Auslage, wo sich allerlei Möglichkeiten ergeben: Pik-König an Karo-Ass, Karo-Dame an Pik-König, Pik-Bube an Karo-Dame, Herz-König an Kreuz-Ass, Herz-Drei an Pik-Vier. Jetzt aber haben Sie die Wahl zwischen zwei schwarzen Zweien; welche von beiden wollen Sie anlegen an die Herz-Drei? Am besten drehen Sie erst einmal die verdeckten, durch Wegnahme von Karten freigewordenen Karten des Bildes um.

Es erscheinen, von links nach rechts: Pik-Ass, Pik-Ass, Pik-Dame, Herz-Acht, Kreuz-Sieben. Dadurch ergeben sich weitere Möglichkeiten. Pik-Dame kommt an Herz-König, Herz-Bube an Pik-Dame. Die verdeckte Karte, die durch Wegnahme des Herz-Buben frei wurde, wird umgedreht. Es ist eine Karo-Vier. Und so haben Sie nun die beiden schwarzen Zweien zur Wahl.

Welche jetzt an die rote Drei legen? In solchen Fällen ist es gestattet, nachzusehen, welche Karten unter zwei zur Wahl stehenden liegen. Wenden Sie also die Pik-Zwei links außen um. Es liegt eine Karo-Drei darunter! Jetzt kommt selbstverständlich die Pik-Zwei weg; denn die Kreuz-Zwei kann ja dann ebenfalls weggenommen werden, nämlich an die nun freie Karo-Drei. Unter der Kreuz-Zwei wurde nun wieder eine verdeckte Karte frei. Es ist die Karo-Zehn, die an den Pik-Buben kommt.

Sind wahlweise etwa **zwei** schwarze Buben frei, an die die Zehn gelegt werden kann, wählen Sie jenen, der – wie in unserem Fall – schon ganz folgerichtig in seiner Sippe unter roter Dame, schwarzem König, rotem Ass liegt. Durch Wegnahme der Karo-Zehn würde eine Herz-Fünf frei. An sie können wir die Folge Pik-Vier, Herz-Drei, Pik-Zwei legen. Wieder wird die dadurch frei gewordene Karte umgedreht. Es ist ein Karo-Ass. Immer noch können wir weiterbauen, nämlich die Kreuz-Sieben an die Herz-Acht. Unter Kreuz-Sieben wurde Pik-Fünf frei. An sie können Sie die rechts außen frei gewordene Karo-Vier legen. Jetzt aber geht gar nichts mehr. Sie ziehen also vom Talon ab und legen – immer von links nach rechts – offen je eine Karte an die untersten Karten der senkrechten Reihen. Freiliegende Asse werden dabei nicht besetzt, ebenso solche Reihen, die mit einem Ass beginnen und an die fallend bereits in richtiger Farb- und Reihenfolge angebaut worden ist.

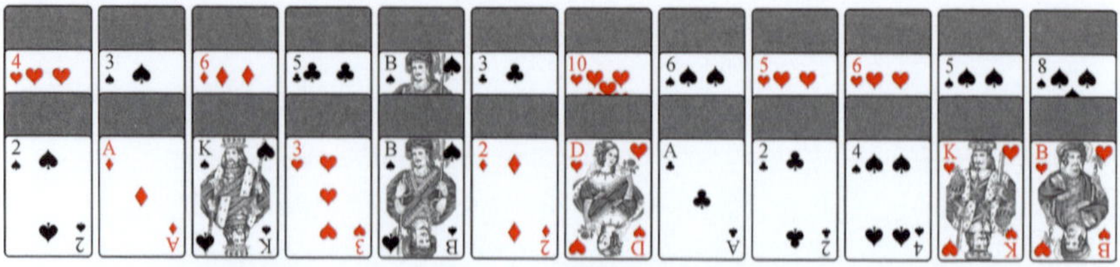

„Aribert", benannt nach dem Schauspieler Aribert Wäscher: Sie sollten zur Übung den Ablauf des beschriebenen Spiels nachstellen

Und so prüfen Sie und fahren fort: auslegen, anbauen, bis nichts mehr geht, wieder auslegen ... Werden nun im Spielverlauf Plätze in der obersten Reihe frei, so besetzen wir diese mit einem freiliegenden Ass oder mit einer folgerichtig begonnenen Ass-Reihe. Dabei haben wir oftmals mehrere Möglichkeiten, sodass wir die am günstigsten erscheinende wählen können.

Ist eine „Sippe" völlig fertig, d.h. beginnt die Reihe mit einem roten oder schwarzen Ass und endet sie dementsprechend mit einer roten oder schwarzen Zwei, wird sie zusammengeschoben und aus dem Spiel genommen. Aber auch hier haben wir oft die Wahl zwischen mehreren Möglichkeiten. Liegt da beispielsweise außer einer fertigen Schwarz-Rot-Reihe (oder Rot-Schwarz-Reihe) eine angefangene Schwarz-Rot-Reihe oder aber ein freies, noch unbesetztes schwarzes Ass, dann darf von der einen Reihe auf die andere umgebaut werden, sofern diese andere günstigere Weiterbaumöglichkeiten durch ihre Wegnahme aus dem Spiel ergibt.

Diese Patience, die Sie in der Abbildung oben sehen, geht auf! Es sei Ihnen, sofern Sie noch kein ganz erfahrener Patiencespieler sind, empfohlen, diese ganze Patience nachzulegen.

Verdeckt in unserer Musterpatience befinden sich in der 1. Reihe, von links nach rechts: Kreuz-Bube, Kreuz-Zwei, Kreuz-Dame, Kreuz-Sieben, Karo-Dame, Herz-Neun, Pik-Sieben, Kreuz-König, Pik-Fünf, Karo-Zehn,

Karo-Acht, Herz-Vier; in der 3. Reihe, wiederum von links nach rechts: Karo-Drei, Herz-König, Pik-Ass, Pik-Ass, Pik-Dame, Kreuz-Neun, Herz-Acht, Kreuz-Neun, Karo-Zehn, Karo-Ass, Kreuz-Sieben, Karo-Vier.

Im verdeckten Talon liegen, mit der obersten Karte beginnend: Pik-Dame, Kreuz-Zehn, Karo-Bube, Karo-Dame, Kreuz-Zehn, Herz-Neun, Karo-Neun, Pik-Acht, Kreuz-Acht, Kreuz-Bube, Karo-Sieben, Pik-Sechs, Herz-Sieben, Kreuz-Sechs, Herz-Fünf, Kreuz-König, Herz-Dame, Herz-Zehn, Pik-Neun, Karo-Fünf, Kreuz-Vier, Herz-Drei, Pik-Zwei, Herz-Ass, Karo-Drei, Kreuz-Vier, Herz-Acht, Karo-König, Pik-Sieben, Kreuz-Dame, Herz-Sechs, Karo-Sechs, Kreuz-Fünf, Pik-Zehn, Karo-Bube, Herz-Zwei, Karo-Vier, Pik-Drei, Herz-Zwei, Herz-Ass, Pik-König, Kreuz-Ass, Karo-König, Karo-Zwei, Kreuz-Drei, Herz-Bube, Karo-Neun, Kreuz-Acht, Pik-Neun, Karo-Acht, Pik-Vier, Herz-Sieben, Kreuz-Sechs, Karo-Fünf, Karo-Sieben, Pik-Zehn.

Dieses Nachlegen ist eine gute Übung für diese (und andere) schwierige Patiencen.

Bäckerspiel

Spielerzahl: 1 — Schwierigkeit: mittel
Spieldauer: 5–10 Minuten — Karten: 52 Patiencekarten

Dieses Spiel fand ich in dem grandiosen Standardwerk „Die große humboldt Enzyklopädie der Kartenspiele“ von Hugo Kastner. Alle Karten müssen am Ende auf die Grundkartenplätze gebracht werden. Vier Reserveplätze, vier Grundkarten und ein geschupptes Tableau aus zweiundfünfzig Hilfskarten sind der Startpunkt dieser Patience. Gebaut wird von Ass bis König farbecht aufsteigend.

Die oberste Karte einer Hilfsreihe ist spielbar. Sie kann auf die Grundkarten oder die Reserve gespielt werden. Kartenfolgen können ebenfalls umgelegt werden, wenn genug Reserveplätze vorhanden sind, um auch eine Einzelumschichtung zu erlauben.

Frei Hilfsplätze dürfen nur mit Königen oder Königssequenzen belegt werden. Vier Plätze dienen als Ausweichstelle und Zwischenlagerung für die Karten der Hilfsreihen.

Von den Reserveplätzen kann sowohl auf die Hilfsreihen als auch auf die Grundkarten gespielt werden. Jeder Reserveplatz kann nur jeweils eine Karte halten. Gerade die Reserveplätze verlangen Vorausplanung. Wichtig ist es, die Aufbaukarten der Hilfsreihen zu Königen zu machen und die Reserveplätze immer wieder frei zu spielen.

Hugo Kastner beschreibt auch eine Variante mit Namen „Free Cell“: Bei gleicher Auslage verzehnfachen sich die Chancen auf ein Aufgehen der Patience, wenn in den Hilfsreihen mit Farbwechsel aufgebaut wird.

Bildergalerie

Spielerzahl: 1 Schwierigkeit: hoch
Spieldauer: 5–10 Minuten Karten: 2 x 52 Patiencekarten

Zwei Spiele zu zweiundfünfzig Blatt werden gemischt. Drei Reihen mit je acht Karten werden offen ausgelegt. Darunter kommt – im Abstand – eine vierte Reihe zu acht Karten, die Hilfsreihe. Ziel ist es, die Karten so zu ordnen, dass am Ende in der obersten Reihe alle Könige obenauf liegen, in der zweiten Reihe alle Damen, in der dritten alle Buben.

Die Grundkarten der obersten Reihe sind die Vieren. Die Grundkarten der zweiten Reihe sind die Dreien. Die Grundkarten der dritten Reihe sind die Zweien. Auf die Vieren werden gebaut: Sieben, Zehn, König, und zwar immer in der gleichen Farbe. Auf die Dreien werden gebaut: Sechsen, Neunen, Damen. Auf die Zweien werden gebaut: Fünfen, Achten, Buben. Die Asse spielen nicht mit. Liegen welche in der ersten Auslage, werden sie sogleich herausgenommen und beiseitegelegt. Die dadurch entstandenen Freiplätze werden aus dem Bild oder aus der Hilfsreihe, sofern möglich, mit Vier, Drei oder Zwei besetzt, je nachdem, in welcher Reihe ein Platz frei wurde.

Und nun beginnen Sie mit dem Bau. Liegt da in der obersten Reihe eine Pik-Vier, dann schauen Sie, ob sich im Bild oder in der Hilfsreihe eine

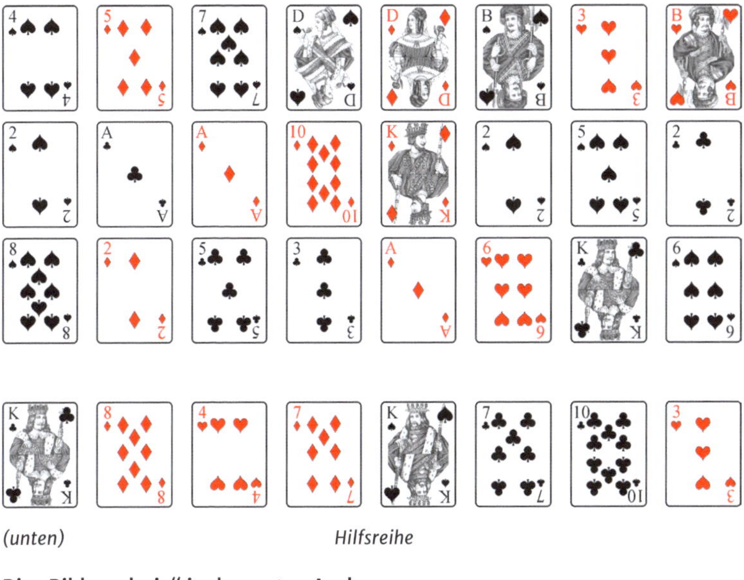

Die „Bildergalerie" in der ersten Auslage

Pik-Sieben befindet, die dann sogleich auf die Pik-Vier kommt. Werden dadurch im Bild Plätze frei, werden diese **nicht** besetzt, außer durch eine dorthin gehörende Grundkarte (Vier in der obersten Reihe, Drei in der zweiten, Zwei in der dritten Reihe). Werden durch unseren Bau aber Plätze in der Hilfsreihe frei, werden diese sofort vom Talon neu besetzt. Dadurch ergeben sich wieder neue Möglichkeiten. Wenn nichts mehr geht, wird auf die Hilfsreihe eine neue gelegt.

Schauen Sie sich das Bild an, das sich nach der ersten Auslage ergeben hat, und gehen Sie die Möglichkeiten durch. Da sind drei Asse im Bild, die sofort herausgenommen werden. Dadurch sind drei Freiplätze entstanden. Die Herz-Drei nehmen wir aus der obersten Reihe, **nicht** aber die aus der Hilfsreihe, denn sonst bekämen wir in der obersten Reihe ja keinen Freiplatz für eine Vier. Herz-Vier – weil im Bild keine vorhanden – aus Hilfsreihe auf Freiplatz. Der Freiplatz in der Hilfsreihe wird nun sofort wieder vom Talon besetzt. Es ist eine Pik-Fünf. Jetzt haben wir noch zwei Freiplätze in der dritten Reihe. Dorthin kommen zwei Zweien aus dem Bild. Dadurch wird wieder ein Platz frei in Reihe zwei, den wir mit Herz-Drei aus der Hilfsreihe besetzen. Freiplatz in Hilfsreihe sofort wieder vom Talon besetzen. Es ist eine Karo-Neun.

Wo lässt sich jetzt etwas aufbauen? Prüfen Sie Reihe für Reihe. Herz-Siebenen, die auf die Herz-Vieren der obersten Reihe kämen, sind nicht vorhanden. Wohl aber ist da eine Herz-Sechs, die auf eine Herz-Drei kommt. Dadurch wird ein Platz frei in Reihe drei, der mit Kreuz-Zwei aus Reihe zwei besetzt wird. Kreuz-Fünf auf Kreuz-Zwei. Karo-Fünf aus der ersten Reihe auf Karo-Zwei. Pik-Fünf aus der zweiten Reihe auf Pik-Zwei. Und nun kommt die Pik-Acht auf die Pik-Fünf, der Pik-Bube aus der ersten Reihe kommt auf die Pik-Acht. Und damit ist eine unserer insgesamt vierundzwanzig Folgen bereits fertig!

Schließlich ist da noch eine Pik-Zwei, auf die wir die Pik-Fünf aus der Hilfsreihe legen können. Freiplatz in der Hilfsreihe wird sofort wieder besetzt vom Talon. Es ist eine Kreuz-Zehn.

Jetzt geht nichts mehr. Sie ziehen also acht Karten vom Talon und legen sie offen auf die Hilfsreihe.

Sie sollten immer versuchen schuppenförmig zu bauen, denn so sehen Sie besser, was bereits alles angelegt worden ist. Beispiel: Die Karo-Neun, unter der aber noch **keine** Karo-Sechs liegt und auch keine Karo-Drei. Legen Sie nun auf diese Karo-Neun die Karo-Dame, dann kann die Patience nicht aufgehen.

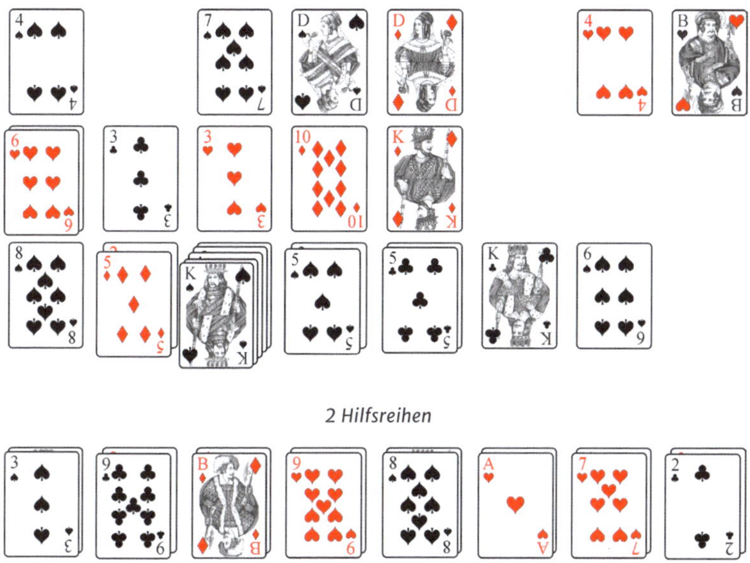

(unten)

Die „Bildergalerie" nach der zweiten Auslage

Jetzt sehen Sie die Grafik an, die das Bild nach der zweiten Auslage der Hilfsreihe zeigt. Da kommt zunächst das Herz-Ass weg und wird durch eine neue Karte vom Talon besetzt. Die Pik-Drei aus der Hilfsreihe kommt auf einen Freiplatz in der zweiten Reihe und wird durch eine Karte vom Talon ersetzt. Bauen Sie selbst weiter. Der Talon darf nur einmal durchgespielt werden, dann muss Ihre Bildergalerie vollständig ausgelegt sein.

Brücke

Spielerzahl: 1 Schwierigkeit: sehr hoch
Spieldauer: 15–30 Minuten Karten: 2 x 52 Patiencekarten

Im Gegensatz zu den meisten herkömmlichen Patiencen wird bei der **Brücke** nicht auf Familien gebaut, sondern es werden Karten links und rechts vom Tableau miteinander verbunden. Alle Karten müssen durch „Brückenbau" aus dem Tableau eliminiert werden. Acht Grundkarten werden links und rechts vom 20er-Tableau offen aufgelegt (8 Plätze, davon 6 offen). Dazu kommen sechs offene, zentrale Hilfskarten als Verbindungsstücke zwischen den beiden „Ufern". Der Talon ist verdeckt, die Ablage bleibt zunächst leer.

Die Grundkarten (8 Plätze, je 1 Karte offen), die links und rechts liegen, werden miteinander verbunden. Sie haben 4 x 5 Hilfskarten.

Legen Sie Karten vom Talon einzeln auf die freien Hilfskartenplätze (eine Karte pro Platz). Verbinden Sie die Grundkarten horizontal, vertikal oder diagonal, indem Sie Hilfskarten mit dem gleichen Wert bzw. einem um 1 höheren oder niedrigeren Wert miteinander verbinden. Beispiel: Links beginnend können Sie eine Reihe 4-5-6-7-7-8-8-9-10 bilden.

Diese Verbindungskarten werden auf den Ablagestapel gebracht. Mit zwei neuen Karten vom Talon werden die freien Grundkartenplätze aufgefüllt.

Eine abgelegte Karte darf nicht mehr verschoben werden.

Pro Karte in der Ablage notieren Sie 10 Punkte. Ein Score von 200 Punkten ist gut, obwohl Sie maximal 816 Punkte erreichen könnten. Das ist aber nur sehr schwer erreichbar, denn die Brücke ist eine extrem schwierige Patience.

||| TIPP

Konzentrieren Sie sich auf eine oder maximal zwei Grundkarten je Brückenkopf.

Canfield

Spielerzahl: 1 — Schwierigkeit: mittel
Spieldauer: 5–10 Minuten — Karten: 52 Patiencekarten

Ihren Namen verdankt diese Patience dem gleichnamigen Besitzer eines Spielkasinos, der bei 50 Dollar Einsatz 500 Dollar als Gewinn auslobte für denjenigen, der diese Patience, die in Amerika natürlich **Solitaire** heißt, löst. In den Neunzigerjahren des 19. Jahrhunderts war das, so ist es überliefert, in Saratoga, Kalifornien.

Pro ausgelegter Grundkarte gab es angeblich sofort 5 Dollar bar auf die Hand.

Klarer Fall: Diese Variante hatte Mr. Canfield entwickelt, um dem Spieler das Geld aus der Tasche zu ziehen. In England ist dieses Spiel auch als **„Demon“** bekannt, das sagt alles. **Canfield** ist in der Standardeinstellung darauf ausgelegt, dass die Spieler im Schnitt nicht mehr als 10 Karten auf die vier Felder nach oben bringen.

Abgelegt wird immer mit aufsteigenden Werten einer Farbe. Auf den vier Spielstapeln wechseln Schwarz und Rot sich ab. Die zusätzlichen Spielkarten kommen von zwei Stapeln. Der obere zeigt nur eine neue Karte, wenn die andere abgelegt wurde. Der untere Stapel gibt immer den Blick auf drei Karten frei, wobei nur die oberste bewegt werden kann.

Das Spielziel: Alle Karten müssen auf die Grundkarten aufgebaut werden. 13 Karten werden verdeckt und geschuppt in einem Reservepäckchen abgelegt (unterhalb des Stoßes), die 14. Karte wird rechts vom Stoß als erste Grundkarte ausgelegt. Dann werden vom Talon vier Hilfskarten offen neben dem Reservepäckchen aufgedeckt.

Bauen Sie farbechte Familien von der Grundkarte bis zum genau darunter liegenden Wert, z.B. Pik 10 bis Pik 9. Die drei übrigen Grundkarten zeigen den gleichen Wert wie die bei der Auslage aufgedeckte Karte.

Die Werte der Karten sind durchlaufend, Ass wird also auf König gespielt.

Bauen Sie Folgen in absteigender Ordnung mit alternierenden Farben, etwa Kreuz-Dame, Herz-König usw.

Die oberste Karte einer Hilfsreihe dürfen Sie auf eine andere Hilfs- oder eine Grundkarte spielen. Eine Serie darf nur als Ganzes auf eine andere Hilfskarte umgeschichtet werden. Frei werdende Plätze werden mit der Topkarte des Reservepäckchens gefüllt. Sobald dieses aufgebraucht ist, dürfen freie Plätze mit der Topkarte des Stoßes belegt werden, niemals aber mit einer Karte aus den Hilfsreihen. Als Reserve dienen 13 Karten, verdeckt und geschuppt. Jeweils drei Karten werden auf den Stoß gelegt. Nur die oberste, bildoffene Karte, ist spielbar. Der Stoß darf nach Aufbrauchen des Talons beliebig oft durchgespielt werden, bis die Patience aufgeht oder das Spiel völlig blockiert ist.

Das vertauschte Kruzifix

Spielerzahl: 1 Schwierigkeit: mittel bis hoch
Spieldauer: 10–15 Minuten Karten: 2 x 52 Patiencekarten

Die beiden Spiele dürfen nicht miteinander gemischt werden. Aus den vier Assen und vier Königen eines Spiels zu zweiundfünfzig Blatt wurden Asse und Könige herausgenommen und in Kreuzform ausgelegt. Jetzt mischen Sie zunächst ein zweites Spiel zu zweiundfünfzig Blatt mit dem, das nun keine Asse und Könige mehr hat. Von diesem Talon ziehen wir nun zwölf Hilfskarten ab, die wir offen in einer Reihe unter das Bild legen.

Ziel der Patience ist es, acht Familien zu bauen; echte Familien, steigend auf den Assen, fallend auf den Königen. Gelingt Ihnen dies, so haben Sie am Ende in der senkrechten Reihe als oberste Karten vier Könige, in der waagerechten Reihe aber vier Asse. Unser „Kruzifix" ist nun also vertauscht. Und daher hat es seinen Namen.

Jetzt sehen wir uns die Hilfsreihe an. Sie können Pik-Zwei auf Pik-Ass legen, Herz-Dame auf Herz-König, Herz-Bube auf Herz-Dame, Pik-Dame auf Pik-König. Die dadurch entstandenen Freiplätze werden sofort

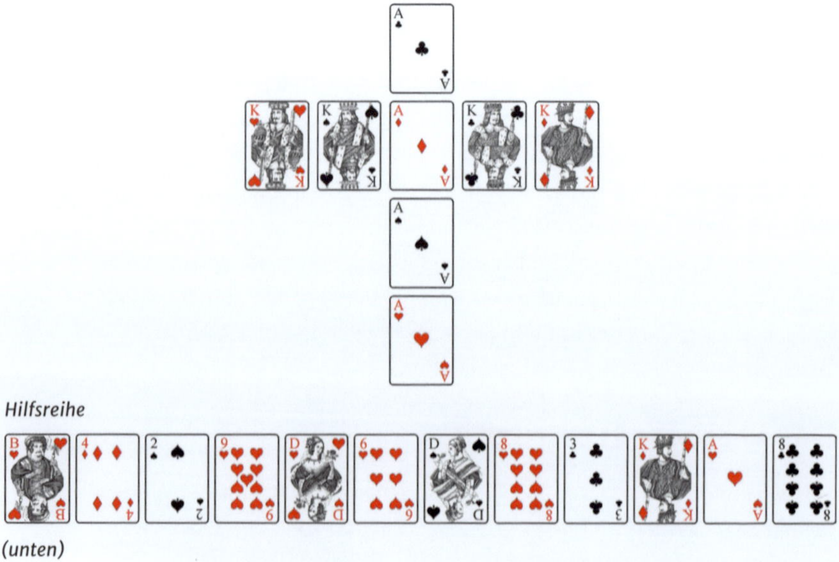

Das „vertauschte Kruzifix"

wieder vom Talon belegt, und wir prüfen, ob sich dadurch neue Möglichkeiten ergeben.

Geht nichts mehr, wird schuppenförmig eine neue Hilfsreihe zu zwölf Karten auf die erste gelegt. Immer bemüht, neue Freiplätze in der Hilfsreihe zu erhalten, wählen wir bei zwei verschiedenen Möglichkeiten immer diejenige, bei der auch die darunter liegende Karte verwendet werden kann, denn dadurch wird wieder ein Platz frei. Haben wir so unseren Talon einmal durchgespielt, sind also alle Karten im Bild oder in den schuppenförmig gelegten Hilfsreihen untergebracht, werden die Hilfsreihen wieder eingenommen, gemischt und eine neue Hilfsreihe zu zwölf Karten vom Talon abgezogen.

Dreimal darf der Talon durchgespielt werden. Dann muss die Patience aufgegangen sein, was sehr häufig der Fall ist. Bitte beachten Sie: Durch

Abbau entstandene Lücken in den Hilfsreihen dürfen nur dann sofort wieder vom Talon besetzt werden, wenn ein echter Freiplatz entstanden ist, also über der weggenommenen Karte der Hilfsreihen keine Karte mehr liegt.

Anfangs darf großzügiger verfahren werden. Es werden dann sofort neue Karten vom Talon auf jeden frei werdenden Platz gelegt, auch dann also, wenn noch Karten darüber vorhanden sind.

||| TIPP

Wenn Sie versehentlich eine Karte steigend auf eine fallende Familie legen oder umgekehrt eine fallend auf eine steigende Familie, dann ist die Patience verfahren und kann nicht aufgehen.

Der Gefangene

Spielerzahl: 1 — Schwierigkeit: mittel bis hoch
Spieldauer: 5–10 Minuten — Karten: 52 Patiencekarten

Zweiundfünfzig Blatt werden gut gemischt. Drei Karten werden offen in einer Reihe ausgelegt. Asse zählen 1 oder 11, König, Dame, Bube zählen je 10, die Zehn zählt ebenfalls 10, die Neun zählt 9, die Acht zählt 8 und so fort bis zur Zwei = 2.

Sieht die erste Auslage also so aus: Ass, Zwei, Sieben, so ergibt das zusammen 10, sofern wir das Ass als 1 werten. Sollte ihr Wert zusammen 10, 20 oder 30 ergeben, werden sie weggelegt und durch drei neue ersetzt.

||| TIPP

Sie lernen aus der Erfahrung. Bitte lassen Sie sich durch anfängliche Misserfolge nicht entmutigen. Sie gewinnen mit jedem Spiel mehr Routine!

Die Karten dürfen also eingenommen und abgelegt werden. Sie spielen nun nicht mehr mit. Wieder werden drei Karten ausgelegt, oder aber es wird, wenn die ersten drei nicht weggenommen werden konnten, eine vierte angelegt. Liegen vier und mehr Karten in einer offenen Reihe auf dem Tisch, hat der Spieler die Wahl: Er darf entweder die drei letzten Karten wegnehmen, sofern sie zusammen 10, 20 oder 30 ergeben, oder aber die beiden letzten und die erste, falls sie zusammen einen der erforderlichen Werte ergeben. Geht gar nichts, wird wieder eine Karte angelegt (oder zwei Karten werden angelegt, falls nur eine auf dem Tisch liegen blieb). Wieder wird geprüft, ob eine Wegnahme nach den oben beschriebenen Spielregeln möglich ist. Sofern das nicht der Fall ist, wird wieder eine Karte angelegt.

Die Patience gilt als aufgegangen, wenn alle Karten verbraucht, eingenommen und weggelegt wurden, bis auf eine, die übrig bleiben darf. Sie ist der „Gefangene", der durch Wegnahme aller Karten gleichsam aus seinem Gefängnis befreit wurde.

Das ist jedoch schwierig. Sie müssen schon gut nachdenken, wenn Sie die Wahl haben, ob Sie von rechts wegnehmen sollen oder von rechts **und** links (sofern beides möglich ist). Man muss gut überlegen, welche Karten dadurch frei werden und sich etwa nach Anlage einer weiteren Karte zu 10, 20 oder 30 ergänzen lassen.

TIPP

Man sollte möglichst gleichmäßig immer Karten von hohen und von niedrigen Werten wegnehmen, damit zum Schluss nicht nur noch Zweien oder Dreien übrig sind. Denn so bekommen Sie nie 10 Punkte zusammen, schon gar nicht 20 oder 30.

Der große Napoleon

Spielerzahl: 1 Schwierigkeit: hoch
Spieldauer: 5–10 Minuten Karten: 52 Patiencekarten

Diese Patience ist nicht verwandt mit dem „kleinen Napoleon", trotz des berühmten Namens. Napoleon war ja bekanntlich ein leidenschaftlicher Patience-Spieler. Dieses Spiel hat seine ganz eigenen, möglicherweise viel reizvolleren Regeln.

Von den gut gemischten Karten ziehen Sie elf ab und legen sie offen in einer Reihe nebeneinander aus. Die erscheinenden Asse und Könige nehmen Sie heraus. Die Könige legen Sie rechts auf den Tisch, die Asse links. Dadurch entstehende Lücken ergänzen Sie aus dem Stapel.

Auf den Königen werden farbgleiche Familien fallend aufgebaut, auf den Assen steigend. Zum Anlegen geeignete Karten dürfen Sie gleich ordnen. Entstandene Lücken ergänzen Sie wieder aus dem Stapel.

Beim Auslegen der zweiten Reihe mit wiederum elf Karten dürfen nur die beiden äußeren Karten zum Spiel verwendet werden, falls eine Anlegemöglichkeit vorhanden ist. Alle restlichen Karten legen Sie in Elferreihen aus. Auch hier nur die Eckkarten zum Anlegen verwenden!

Nach dem Auslegen aller Karten können nur die in der untersten Reihe frei liegenden Karten zum Aufbau der Familien verwendet werden. Sind durch das Abbauen Karten der nächsthöheren Reihe frei geworden, gelten auch diese als spielfrei. Sie dürfen sie zum Aufbau in der gleichen Farbe, fallend oder steigend, verwenden.

Auch die unten frei liegenden Karten können Sie in gleicher Farbe fallend oder steigend anbauen. Erscheint eine zum Aufbau der Familien geeignete Karte, so kann sie mit der ganzen Folge an die Familie angelegt werden. Die nun fehlende senkrechte Reihe in der Figur besetzen Sie mit einer beliebigen freien Karte. An diese legen Sie in steigender oder fallender Folge farbgleiche Karten.

Wenn Sie festsitzen und sich nichts mehr anbauen lässt, lösen Sie die Figur auf. Von rechts beginnend nehmen Sie die erste senkrechte Reihe Karte für Karte und ohne zu mischen auf, dann die zweite, die dritte und so fort, bis keine Karte mehr aufliegt, die Familien ausgenommen.

Wieder legen Sie ohne zu mischen in Elferreihen aus. Wie beim ersten Mal darf die erste Reihe zum Anbauen verwendet werden. Von der zweiten und der folgenden Reihe benutzen Sie wiederum nur die Eckkarten. Passende Karten oder Folgen können an die Familien gleich angebaut werden.

Dreimal dürfen Sie neu auslegen. Sind dann die Familien auf den Königen fallend und auf den Assen steigend aufgebaut, ist die Patience gewonnen.

TIPP

Immer dann, wenn Sie die Wahl zwischen mehreren Möglichkeiten haben, sollten Sie so anlegen, dass Sie eine Karte freilegen, die zum Spielverlauf beiträgt.

Der kleine Napoleon

Spielerzahl: 1 | Schwierigkeit: mittel bis hoch
Spieldauer: 10 – 20 Minuten | Karten: 52 Patiencekarten

Von dieser Patience gibt es einige Variationen, deren bekannteste hier vorgestellt wird. Sie legen ein Spiel zu zweiundfünfzig Blatt aus, nachdem Sie die oberste Karte vom Talon abzogen haben. Dies ist unsere „Grund- oder Bestimmungskarte", die in die Tischmitte gelegt wird. Rechts und links von ihr legen Sie je vier waagerechte Reihen zu je fünf Karten aus. Sobald eine der drei übrigen Grundkarten auftaucht, wird sie in der Senkrechten unter die zuerst ausgelegte Grundkarte gelegt. Darunter noch zwei Reihen zu je vier Karten. Diese letzten acht ausgelegten Karten sind unsere Hilfskarten. Unsere Grafik (Seite 44) zeigt eine Senkrechte aus den vier Grundkarten, rechts und links davon zwei spiegelgetreue Auslagen.

Es geht nun darum, auf unsere Grundkarten echte Familien zu bauen, und zwar steigend oder fallend, wie uns dies nach Prüfung unseres Bildes am günstigsten erscheint. Sie dürfen sogar **diese** Familie steigend bauen, **jene** aber fallend, also – um in unserem Bild zu bleiben – auf Herz-Sechs vielleicht steigend, Herz-Sieben, Herz-Acht, Herz-Neun ... Herz-König, Herz-Ass, Herz-Zwei ... Herz-Fünf. Die Herzfamilie muss also mit einer Fünf enden. Bauen Sie auf Kreuz-Sechs, weil es offenbar günstiger ist, nun fallend, so muss die Schlusskarte dieser Familie die Kreuz-Sieben sein.

Die Aufgabe: Alle Karten sollen weggespielt werden, sodass sie am Ende über den Grundkarten als echte Familien, steigend oder fallend, vereinigt sind.

Gebaut werden darf direkt auf die Grundkarten sowie rechts und links an die jeweils äußersten freien Karten unserer waagerechten Reihen. Und auch nur von diesen auf die Grundkarten. Der Bau an die Reihen erfolgt farbecht, steigend oder fallend, wobei von steigend auf fallend gewechselt werden darf, auch von fallend auf steigend. Der im Bild gezeigte „Kleine Napoleon" kann aufgehen, wenn Sie es richtig anfangen. Jedoch geht diese Patience nicht allzu oft auf.

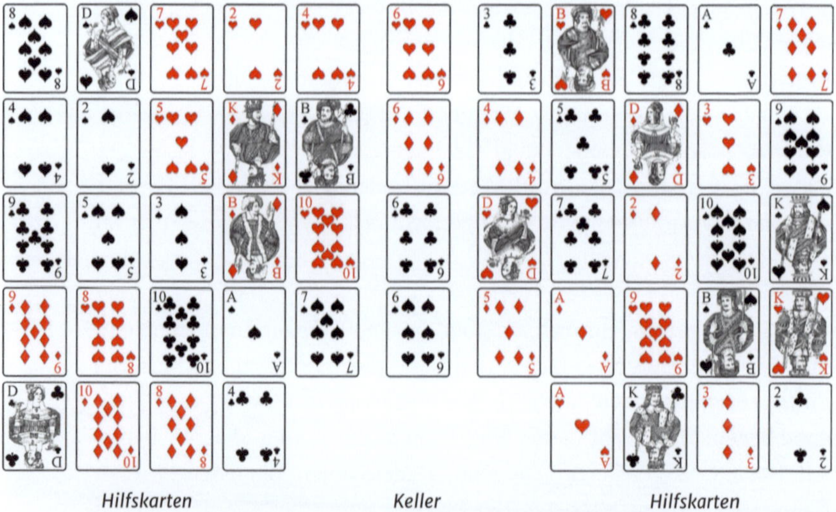

Der „kleine Napoleon"

TIPP

Bauen Sie nur dann um, wenn Sie dadurch an eine Karte herankommen, die zur Weiterführung des Spiels dienlich ist.

Unsere je vier Hilfskarten rechts und links dürfen zum Bau der Familien und zum Bau der Folgen mitverwendet werden. Weil Sie aber keinen Talon haben, aus dem Sie die weggenommenen Hilfskarten ersetzen könnten, bedienen Sie sich der Hilfskarten möglichst nur dann, wenn die Patience anders gar nicht mehr weitergehen will. Jede Hilfskarte, die ins Bild eingereiht wurde, ist endgültig verloren.

Dafür aber haben wir einen „Keller". Das heißt, dass wir auf den freien Platz unter unserer Senkrechten der Grundkarten eine Karte legen dürfen, ganz gleich, wo Sie sie unserem Bild entnehmen. Natürlich wählen Sie eine Kellerkarte, die den Fortgang des Spiels blockiert. Immer darf nur **eine** Karte im „Keller" liegen; erst wenn sie wieder weggespielt wurde durch An- oder Aufbau, darf eine neue Kellerkarte ins Souterrain wandern.

Haben Sie eine ganze waagerechte Reihe weggespielt, dann haben Sie einen Freiplatz. Ihn dürfen wir derart besetzen, dass wir – von ihm ausgehend – Kartenfolgen „umkehren", also eine, die etwa Karo-König, Karo-Dame, Karo-Bube, Karo-Zehn aufweist, so auf den Freiplatz bauen, dass dort nun die Folge in umgekehrter, also steigender Folge erscheint, wie wir sie vielleicht zum Aufbau unserer steigenden Karo-Familie benötigen. Aber auch Einzelkarten – immer nur rechts oder links außen freie – dürfen zum Fortführen des Spiels auf so einen Freiplatz gepackt werden. Es ist also oftmals ratsam, solche Freiplätze zu schaffen.

| | | **TIPP**

Behalten Sie immer das ganze Bild im Auge und entscheiden Sie sich von Fall zu Fall für die jeweils beste Lösung.

Jetzt bleibt es Ihnen überlassen, die Patience bis zum Aufgehen durchzuführen.

So könnte es gehen: Auf Karo-Sechs würde **ich** eine steigende Familie bauen, weil da eine Karo-Sieben rechts außen liegt. Dadurch wird das Kreuz-Ass frei. Pik-Acht kann noch an Pik-Neun (oder Pik-Neun an Pik-Acht). **Ich** würde die Acht an die Neun legen, denn dadurch wird eine Pik-Dame frei, die nun an den König kann, der rechts außen freiliegt (Oder Pik-König an Pik-Dame, ganz wie Sie meinen!). Geht dann gar nichts mehr, müssen wir diese oder jene Hilfskarte hinzuziehen. Nützt auch das nichts mehr, bleibt uns nur noch die „Kellerkarte“.

Die böse Sieben

Spielerzahl: 1 Schwierigkeit: mittel
Spieldauer: 15–20 Minuten Karten: 2 x 52 Patiencekarten

Diese Patience trägt ihren augenzwinkernden Namen zu Recht, denn sie zeigt sich oft sehr heimtückisch. Dabei ist sie ist gar nicht schwierig zu legen!

Aber der Reihe nach: Gespielt wird mit zwei Spielen zu je zweiunddreißig Blatt. Sie nehmen also aus zwei Patiencespielen alle Zweien, Dreien, Vieren, Fünfen und Sechsen heraus und legen sie weg. Diese Karten spielen nicht mit.

Jetzt legen Sie schuppenförmig vom Talon sieben Reihen zu je sieben Karten aus, erste Reihe offen, zweite verdeckt, dritte offen und so fort. Die siebente und letzte Reihe liegt also offen da. Unsere Aufgabe ist es, acht echte Familien zu bilden, die mit den Assen beginnen und mit den Königen enden. Weil Sie alle Karten von Zwei bis Sechs aus dem Spiel genommen haben, müssen Sie nun „springen“: Auf die Asse kommen die Siebenen, darauf die Achten und so weiter.

Wo Asse offen daliegen, ganz gleich, in welcher der Reihen, werden sie herausgenommen und durch neue Karten vom Talon ersetzt. Günstig ist es, wenn wir auf diese Weise gleich anfangs möglichst viele Asse freibekommen, die wir über unserem Bild nebeneinander auslegen. Und nun prüfen wir das Bild auf unsere Möglichkeiten zum Bau. Liegen in der untersten – offenen – Reihe Siebenen, kommen sie sofort auf ihre farblich zugehörigen Asse, falls diese bereits über dem Bild ausliegen. Dadurch frei werdende Karten der nächsthöheren Reihe werden umgedreht und spielen nun – da unten aufliegend – mit. Bauen Sie jetzt unten, vom Talon, soweit möglich, offen aufliegende Karten so aneinander, dass Sie fallende Folgen schwarz-rot bzw. rot-schwarz im Wechsel erhalten. Erscheinen dabei passende, also auf die Asse baufähige Karten, werden sie sofort dorthin gepackt. Ass-Familien aber wohlgemerkt in **echter** und **steigender** Folge!

Mit etwas Glück kommen Sie auf diese Weise gut voran, gelangen vielleicht sogar bis hinauf in die oberste Reihe der Auslage. Frei gewordene Plätze dürfen mit einer „Störkarte“ aus dem Bild belegt werden.

Geht nun wirklich gar nichts mehr, wird das ganze Bild und der Talon wieder eingenommen. Die Ass-Familien bleiben dabei liegen.

Jetzt legen Sie wieder aus, aber nicht mehr sieben Reihen zu sieben Karten – unser Vorrat würde wohl so weit auch gar nicht mehr reichen –, sondern fünf Reihen zu sieben Karten. Sollte das Spiel schon sehr weit fortgeschritten sein, legen Sie nur vier Reihen aus. Bei dieser zweiten Auslage muss die Patience aufgehen.

Die Grafik zeigt die Situation nach der zweiten Auslage. Sechs Familien sind im Bau begriffen, es sind also noch zwei Asse in den verdeckten Karten der Auslage. Acht Karten zum Auslegen haben Sie jetzt nur noch in der Hand, denn sechsundfünfzig Karten liegen aus (35 im Bild, die restlichen in den Ass-Familien). Jetzt also müsste die Patience aufgehen. Sehen wir gemeinsam, wie es bis zur vollendeten Patience weitergehen könnte:

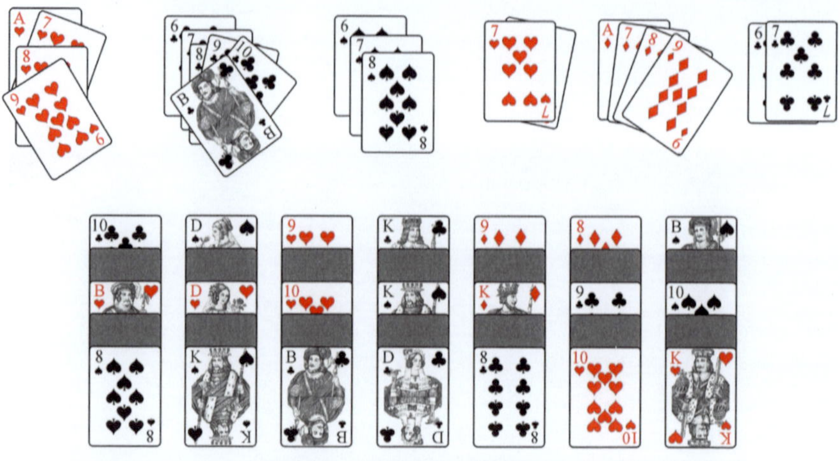

Bild nach der zweiten Auslage des Talons

Diese Patience trägt ihren Namen zu Recht: die „böse Sieben“ nach der zweiten Auslage

Auf den Kreuz-Buben kommt die Kreuz-Dame, wodurch wieder ein Platz in der Auslage frei wird durch Umwenden der unter Kreuz-Dame verdeckten Karte. Zur Vollendung der Kreuz-Familie fehlt uns also nur noch der Kreuz-König. Auf die Kreuz-Sieben der anderen Kreuz-Familie kommt die Kreuz-Acht. Erneut haben wir einen Platz freibekommen und können nun die Karte umdrehen, die unter der Kreuz-Acht frei wurde. Die Herz-Zehn kommt fallend auf den Kreuz-Buben **oder** auf die Herz-Neun unserer bis zur Herz-Acht fertiggestellten Herz-Familie. Ob wir an die Familien anbauen oder fallend schwarz-rot, rot-schwarz unten ans Bild, das muss von Fall zu Fall entschieden werden.

||| TIPP

Unter mehreren Möglichkeiten wählen Sie stets diejenige, die zum Fortgang der Patience besonders geeignet erscheint.

Wie diese Patience endet, bleibt ungewiss, denn wir wissen ja nicht, welche Karten frei werden und ob der Aufbau glatt vorankommt. Sehr wahrscheinlich ist es aber nicht, dass diese Patience aufgeht, denn wir kamen bei der ersten Auslage nicht sehr weit voran.

Noch ein Hinweis: Haben Sie bei der ersten Auslage so gute Fortschritte gemacht, dass nur noch beispielsweise zweiunddreißig Karten im Talon übrig geblieben sind, dann können Sie nur noch vier Reihen zu je sieben Karten auslegen. Sie behalten dann vier Handkarten übrig, die Sie anlegen können, wenn nichts anderes mehr geht. Legen wir nun nur noch **vier** Reihen aus, oder in einem ganz günstigen Fall sogar nur noch zwei, müssen wir mit einer verdeckten Reihe beginnen, weil andernfalls ja unsere unterste Reihe verdeckt wäre, was natürlich nicht sein darf. Sie sehen, „Die böse Sieben" hat es faustdick hinter den Ohren!

Die gute Dreizehn

Spielerzahl: 1 Schwierigkeit: niedrig
Spieldauer: 5–10 Minuten Karten: 52 Patiencekarten

Dies ist eine schöne Patience für Anfänger: Von einem Spiel mit zweiundfünfzig Karten werden zehn offen in einer Reihe ausgelegt. Jede Karte hat ihren Wert:
Ass = 1; zwei = 2; drei = 3; ... Bube = 11; Dame = 12; König = 13.

Prüfen Sie nun, welche Karten des ausgelegten Bildes zusammen 13 ergeben. Diese werden weggelegt. Da der König für sich allein 13 zählt, dürfen Könige auch allein für sich herausgenommen werden.

Beispiel: 7, Dame, Ass, König, König, 3, 6, 8, 5, Bube. Was darf nun weggenommen werden? Zunächst die beiden Könige. Dann die Sieben und die Sechs (7 + 6 = 13). Schließlich noch die Dame und das Ass (12 + 1 = 13). Auch die Acht und die Fünf werden weggenommen. Sind nun alle Möglichkeiten erschöpft? Bitte, entscheiden Sie selbst!

Die Lücken werden durch neue Karten vom Talon ersetzt. Dieser darf nur einmal durchgespielt werden. Sind dann alle Karten vom Tisch, ist die Aufgabe gelöst. Andernfalls ist die Patience nicht aufgegangen; die gute Dreizehn wurde also zu einer „bösen“.

Die Hochzeit

Spielerzahl: 1 Schwierigkeit: niedrig
Spieldauer: 5–10 Minuten Karten: 52 Patiencekarten

Diese Patience macht vor allem auch Kindern Spaß. Das Ziel: Am Ende muss der Herz-König neben der Herz-Dame liegen. Daher der Name „Hochzeit“ für dieses Spiel. So geht es los: Aus einem Spiel zu zweiundfünfzig Blatt werden Herz-Dame und Herz-König herausgenommen. Die Herz-Dame wird offen ausgelegt, der Herz-König wird als letzte Karte unter den Talon geschoben. Jetzt ziehen wir Karte für Karte vom Talon ab und legen sie offen in einer Reihe neben die Herz-Dame. Liegen dabei zwei Karten gleicher Farbe oder gleichen Wertes nebeneinander, werden sie eingenommen und beiseitegelegt. Liegt aber eine Karte so, dass sie zwischen zwei Karten gleicher Farbe oder gleichen Wertes erscheint, dann darf sie herausgenommen werden. Das darf auch dann noch geschehen, wenn zwei solche Karten als „Störenfriede“ zwischen zwei Karten gleicher Farbe oder gleichen Wertes liegen. Nachdem die Karten weggenommen sind, werden die vereinten Karten gleicher Farbe oder gleichen Wertes aneinandergeschoben, **nicht** aber aus dem Spiel genommen!

Beispiel: Herz-Dame, Kreuz-Vier, Karo-Sieben, Pik-Vier. Die Karo-Sieben darf entfernt werden, Kreuz-Vier und Pik-Vier liegen nun beisammen, dürfen aber **nicht** aus dem Spiel genommen werden. Als nächste Karte legen wir nun vielleicht eine Pik-Zehn aus. Jetzt liegen also zwei Karten gleicher Farbe nebeneinander, nämlich zwei Pik-Karten. Sie werden herausgenommen und weggelegt.

Die Patience ist dann aufgegangen, wenn alle Karten abgelegt sind, sodass der Herz-König (unterste Karte unseres Talons) neben der Herz-Dame liegt.

Die Räuber kommen

Spielerzahl: 2 Schwierigkeit: mittel
Spieldauer: 10–15 Minuten Karten: 2 x 52 Patiencekarten

Spieler A und Spieler B haben je ein Spiel zu zweiundfünfzig Blatt. Sie sitzen einander gegenüber, zuerst spielt jeder für sich allein. A sowohl als B zieht die oberste Karte von seinem Talon und legt sie als „Bestimmungskarte“ offen aus. Sollten zufällig beide Spieler eine Bestimmungskarte gleichen Wertes ziehen, werden beide Karten wieder eingenommen, unter den Talon geschoben und durch die nun oberste vom Talon ersetzt.

Spieler A hat zum Beispiel eine Neun als Bestimmungskarte gezogen, B eine Drei.

Spieler A entnimmt nun seinem Talon die drei übrigen Neunen, B die drei übrigen Dreien. Sie werden neben die bereits ausgelegten Bestimmungskarten gelegt.

Beide Spieler ziehen nun je sechzehn Karten von ihrem Talon, die jeder offen als Hilfsreihen zu je acht Karten unter die Bestimmungs- oder Grundkarten legt. Jeder für sich, also völlig unabhängig vom anderen, sieht nun zu, was sich mit dieser Auslage machen lässt. Es gilt, auf den Bestimmungskarten echte Familien steigend zu bauen, bei Spieler A also Neun, Zehn, Bube, Dame, König, Ass, Zwei, Drei ... Sieben, Acht. Bei Spieler B aber: Vier, Fünf, Sechs ... König, Ass, Zwei.

Auf die Hilfsreihen wird farbecht fallend gebaut; erscheinen Anschlusskarten zu den steigenden Familien über den Grundkarten, wird die ganze Folge („Flöte“) der Hilfsreihe übergepackt auf die Familie über der Grundkarte. Entstehende Freiplätze in den Hilfsreihen werden vom Talon her sofort neu besetzt, wodurch sich wieder neue Baumöglichkeiten ergeben.

Geht bei Spieler A nichts mehr und auch bei Spieler B nicht, beginnt das Gegeneinander-Spiel, das Räubern. Derjenige, der seine echten Familien auf den **höherwertigen** Bestimmungskarten baut, darf nun nämlich die Auslage des Gegenspielers räubern. Er darf sich alle unten an den Hilfsreihen offen liegenden Karten oder freie Einzelkarten der beiden gegnerischen Hilfsreihen einfach aneignen, sofern sie ihm zum Bau der steigenden oder fallenden Familien dienlich sind. Aber Bestimmungskarten und auf ihnen bereits steigend im Bau befindliche Folgen darf er **nicht** wegnehmen. Er darf sich also nur aus den Hilfsreihen bedienen.

Hat der „Räuber“ derart alle Möglichkeiten erschöpft, spielt wiederum jeder für sich weiter. Zunächst besetzen beide Spieler die in ihren Hilfsreihen durch eigene oder gegnerische Räuberei entstandene Freiplätze mit neuen Karten vom Talon. Dann versucht wieder jeder für sich, seine steigenden und fallenden Familien weiterzubauen. Geht nichts mehr, darf nun Spieler B bei Spieler A „räubern“. Dann folgt wieder das Alleinspiel. A räubert, Alleinspiel, B räubert ... Sieger ist derjenige Spieler, der als Erster seine vier echten steigenden Familien beisammen hat. Stockt die Patience jedoch völlig, bevor einer dies Ziel erreicht hat, dann gewinnt derjenige Spieler, der an diesem „toten Punkt“ die meisten echten Familien komplett hat. Haben beide zufällig gleich viele komplette Familien, hat der gesiegt, der jetzt noch die wenigsten Karten im Talon hat.

Diktator

Spielerzahl: 2–8 Schwierigkeit: mittel
Spieldauer: ca. 30 Minuten Karten: 52 Patiencekarten pro Spieler

Bei dieser Patience muss eine ziemlich große Spielfläche zur Verfügung stehen. Ideal sind auch hier 4 Spieler, es geht aber auch ganz gut mit bis zu 8 Spielern.

Die Spielidee ist sehr einfach: Jeder Spieler erhält zweiundfünfzig Karten und hat vor sich vier Grundkartenplätze und vier Hilfsreihen liegen, beide zunächst leer.

Dann macht jeder sein eigenes Spiel, wenn auch die Kartenfolge vom **Diktator** vorgegeben wird.

Ziel ist es, möglichst alle vier Familien aufbauend von Ass bis König auf die Grundkarten zu spielen, wobei auf Farben keine Rücksicht genommen werden muss. Vom **Diktator**, der reihum wechselt, wird eine einzelne Karte vom Block aufgenommen, der Wert vorgelesen und die entsprechende Karte von allen Mitspielern auf eine der eigenen Hilfs- oder Grundkarten gelegt. Innerhalb der Hilfskartenreihen gibt es keine Umschichtungen, auch nicht auf freie Plätze. Sobald ein Ass erscheint, kommt es automatisch auf einen freien Grundkartenplatz. Sobald alle Karten vom Block gespielt sind, darf jeder Spieler möglichst viele Umschichtungen auf die Grundkarten vornehmen, allerdings nur die in den Hilfsreihen offen liegenden Karten.

Danach werden die Punkte gezählt, das Ass zählt 1, die Zwei = 2, ..., Bube = 11, Dame = 12 und König = 13.

Dreiblatt

Spielerzahl: 1 Schwierigkeit: niedrig
Spieldauer: 5–10 Minuten Karten: 52 Patiencekarten

Dies ist eine Variante des berühmten Fächers, den jeder Freund der Patience schon einmal gespielt haben sollte und der auch in diesem Buch beschrieben wird.

Die vier Asse werden als Grundkarten aus dem Spiel genommen. Die übrigen 48 Karten werden offen in „Dreiblättern" ausgelegt. Es darf nur farbecht absteigend gebaut werden. Freiplätze bleiben leer. Insgesamt sind drei Durchgänge erlaubt, es wird also zweimal eine neue Auslage gelegt. Die Chance, dass die Patience aufgeht, liegt bei etwa 10 Prozent.

Dreizehnmal vier

Spielerzahl: 1 Schwierigkeit: mittel bis hoch
Spieldauer: 5–10 Minuten Karten: 52 Patiencekarten

Zunächst werden dreizehn der zweiundfünfzig Karten offen ausgelegt in zwei Reihen zu je sieben und je sechs Karten untereinander. Der Abstand zwischen den beiden Reihen sollte möglichst groß sein, weil nach der ersten Auslage eine zweite erfolgt, wobei die Karten schuppenförmig – wiederum offen – über die zuerst ausgelegten gepackt werden. So geht das fort, bis der ganze Talon aufgebraucht ist.

Aber: Beim Auslegen zählen wir eins (Ass), zwei, drei, vier ... Bube, Dame, König. Immer, wenn wir dabei an eine Karte geraten, die dem hergesagten Wert entspricht, wird diese herausgenommen und weggelegt. Der Platz bleibt dann **frei,** sodass wir zum Schluss Häufchen haben, deren Kartenanzahl unterschiedlich ist.

Beispiel: Beim Auszählen trifft „Bube“ wirklich auf einen Buben (die Farbe spielt keine Rolle). Eine „Acht“ trifft wirklich auf eine Acht. So haben wir, nachdem der gesamte Talon ausgelegt worden ist, vielleicht fünf Karten beiseitegelegt. Sollte kein Karte passen, so beginnen Sie erneut. Diese Karten werden nun nacheinander oben unter den Haufen geschoben, der in der Reihenfolge ihrem Wert entspricht. Eine Sieben wird also oben unter das siebente Päckchen geschoben, ein König unter das dreizehnte. Dafür nehmen wir nun die jeweils unterste Karte vom Häufchen weg und legen sie ab. Ist das erledigt, werden die abgelegten Karten wiederum unter das Häufchen geschoben, das ihrem Wert beim Auszählen entspricht.

Ziel der Patience ist es, dies ohne Stocken so lange fortzuführen, bis am Ende die vier Asse beisammen sind, die vier Zweien, Dreien ... Buben, Damen, Könige.

Das geht nicht immer; denn da, wo vier Karten gleichen Wertes beisammen sind, wird nun die unterste **nicht** mehr weggenommen. Dadurch verringert sich die Anzahl der einzuordnenden Karten, sodass wir oftmals keine mehr zur Verfügung haben, bevor das Ziel erreicht ist.

Eiffelturm

Spielerzahl: 1 — Schwierigkeit: einfach bis mittel
Spieldauer: 5–10 Minuten — Karten: 2 x 52 Patiencekarten

Diese Patience gefällt oft Kindern, die schon rechnen können. Sie macht aber auch Erwachsenen Spaß, weil sie durch Konzentration zur Entspannung führt.

Bei dieser Patience sind Ihre Rechenkünste gefragt. So ist der Spielablauf: Zwei Kartenspiele zu je zweiundfünfzig Blatt werden zusammen gut gemischt. Danach wird vom Talon dieses Bild ausgelegt: als Basis zwei Reihen übereinander zu je fünf offenen Karten; darüber eine Reihe zu vier Karten, darüber eine Reihe zu drei Karten, darüber eine Reihe zu zwei Karten, darüber eine Karte. Legen wir dieses Bild pyramidenförmig, ergibt sich eine Figur, die dem Eiffelturm ähnelt. Daher der Name!

Jetzt ziehen wir Karte für Karte vom Talon und legen jede auf so eine Karte, zu deren Wert addiert der Wert der aufgelegten Karte 14 ergibt. Die Kartenwerte sind wie gewohnt: Ass = 1, Zwei = 2, Drei = 3 … Zehn = 10, Bube = 11, Dame = 12, König = 13.

Nun können wir aber auf eine solche – nun obenauf liegende – Karte wieder eine passende vom Talon legen, die mit dieser oben liegenden wiederum den Wert 14 ergibt. Wohin wir bauen, ist gleichgültig. Liegen also etwa drei Neuner im Bild, kann auf diese oder jene eine Fünf gelegt werden, denn: 9 + 5 = 14.

Ziehen wir eine Karte vom Talon, die mit keiner des Bildes zusammen 14 ergäbe, so legen wir sie offen neben das Bild und verwenden sie, sobald sich hierfür durch weiteres Abziehen von Talonkarten und deren Auslegen eine Möglichkeit ergibt. Es darf aber immer nur eine einzige Karte offen nebenbei liegen. Geraten wir an eine zweite unbrauchbare, so ist die Patience gescheitert.

Geht sie aber auf, dann liegen im „Eiffelturm" diese Folgen: Ass – König, König – Ass, immer wechselnd, Zwei – Dame, Dame – Zwei, Drei – Bube und so weiter. Es sind ja immer nur je zwei Karten zweier Werte, die sich zu 14 ergänzen.

Kann es dann überhaupt aufgehen? Ja, denn alle Werte unserer zweimal zweiundfünfzig Karten ergeben zusammen eine Zahl, die durch vierzehn teilbar ist.
Acht Asse = 8, acht Dreien = 24, acht Zweien = 16, acht Vieren = 32 usw. Zum Schluss haben wir dann acht Könige = 104. Alle diese Werte ergeben addiert 728.
728 : 14 = 52!

Sie sehen, Kartenspiel – und vor allem die Patience – hat viel mit Mathematik zu tun!

Wobei dieser „Eiffelturm" weniger eine trockene Wissenschaft ist sondern vielmehr eine spaßige Angelegenheit, die unser Gehirn ein wenig in Schwung bringt.

Einstein

Spielerzahl: 2 Schwierigkeit: mittel bis hoch
Spieldauer: 5–10 Minuten Karten: 2 x 52 Patiencekarten + 4 Joker

Patiencen sind in der Regel ruhigere Spiele, bei denen es eher bedächtig zugeht. Nicht so bei diesem Spiel: Hier geht es mitunter rasant und hektisch zu. Große Konzentration und Schnelligkeit sind hier Voraussetzungen für den Erfolg. Ich war sehr überrascht, als ich in Hugo Kastners Standardwerk „Die große humboldt Enzyklopädie der Kartenspiele" davon erstmals erfahren habe. Man lernt nie aus!

Die gesamten Karten (104 plus Joker) werden gemischt und in gleich großen Päckchen auf die beiden Spieler aufgeteilt. Das Spiel gewinnt, wer zuerst alle seine Karten los wird.

Jeder Spieler entnimmt seinem persönlichen Talon vier Hilfspäckchen (Tischkarten), bestehend aus je vier Karten, drei davon verdeckt und die oberste offen liegend. Außerdem kommt aus jedem Talon eine verdeckte Karte in die Spielmitte (Grundkartenstapel).

Auf „Los“ werden die beiden Grundkarten umgedreht. Nun versuchen beide Spieler, so schnell wie möglich ihre Hilfspäckchen (die Tischkarten) auf eine der beiden mittleren Karten zu stapeln. Folgende Kartenbewegungen sind möglich:

Jede Karte, die um einen Wert höher oder niedriger als die oberste Grundkarte ist, darf abgelegt werden. Das Ass bildet den Übergang vom König zur Zwei. (Daher ist folgender Grundkartenstapel möglich: D-K-D-K-A-2-A-K-...). Wie viele Karten Sie hintereinander ablegen, ist absolut beliebig, nur müssen Sie schneller sein als Ihr Gegenüber.

Sobald eine Karte vom Tisch (von einem Hilfspäckchen) abgelegt wurde, darf die darunter liegende verdeckte umgedreht werden.

Es ist auch erlaubt, Hilfskarten auf eigene freie Plätze umzuschichten, um so eine weitere verdeckte Karte frei zu machen.

Hilfskarten dürfen von einem Stapel auf den anderen geschichtet werden, allerdings dabei nur auf Karten gleichen Ranges zu liegen kommen (d. h. etwa König auf König).

Sobald ein Platz in den Hilfsreihen frei wird, darf eine Talonkarte auf diesen freien Platz des Tisches gebracht werden. Passt die aufgeschlagene Talonkarte auf eine der anderen Hilfskarten oder auf eines der Grundpäckchen, so können Sie die Karte dorthin platzieren und die nächste Talonkarte ziehen.

Die Joker können jede beliebige Karte darstellen und sowohl auf jedes Hilfspäckchen abgelegt werden als auch auf jede der beiden Grundkarten.

Sollte zu irgendeinem Zeitpunkt kein Spiel vom Tisch (beider Spieler) möglich sein, dann werden zwei neue Karten (pro Spieler je eine) in die Mitte gelegt und gleichzeitig aufgedeckt. Das Spiel geht sofort weiter.

Das Spiel ist beendet, sobald einer der beiden Tische keine einzige Hilfskarte enthält und Sie Ihre Hand auf eines der beiden zentralen Päckchen klatschen. Die Karten unter Ihrer Hand werden in der zweiten Runde Ihrem Talon hinzugefügt. Der Gegenspieler bekommt das andere, größere Päckchen. Ausliegende Tischkarten kommen ebenfalls in den Talon. Nun wird die Zahl der Talonkarten reduziert, indem nach wechselseitigem Mischen aus dem Talon jedes Spielers drei Karten verdeckt in einen Abwurfstoß gelegt werden. Diese sind dann ganz aus dem Spiel. Danach wird neu ausgelegt. So wird die Gesamtzahl der Karten reduziert.

Sieger ist, wer als erster alle seine Tisch- und Handkarten abgeworfen hat.

||| TIPP

Sie sollten möglichst viele Talonkarten auf die Hilfspäckchen oder Grundkarten spielen, da Sie dann am schnellsten die Karten loswerden.

Eisbrecher

Spielerzahl: 1 Schwierigkeit: mittel bis hoch
Spieldauer: 5–10 Minuten Karten: 2 x 52 Patiencekarten

Aus zwei Spielen zu zweiundfünfzig Blatt werden vier Asse der vier Farben herausgenommen und zu einem Viereck ausgelegt. Dann ziehen Sie vom Talon zehn Karten ab und legen sie offen um die Asse herum aus. Erscheinen dabei Zweien, werden sie sogleich auf die Asse ihrer Farbe gelegt, und die entstandenen Lücken werden durch je eine neue Karte vom Talon besetzt.

Sind keine Zweien im Bild, bauen wir den Karten, die bereits ausliegen, fallend in ganz beliebiger Farbfolge an die Karten an, die unsere Asse umrahmen.

Freiplätze werden sofort wieder von je einer Karte des Talons besetzt. Dadurch ergeben sich dann oft wieder neue Anbaumöglichkeiten. Man darf übrigens, wenn möglich, auch **zwei** oder drei in der Reihenfolge fallende Karten anbauen.

Ziel ist es, steigend echte Familien auf den Assen aufzubauen. Geht gar nichts mehr, darf wieder eine Karte vom Talon abgezogen und auf ihre Anbaufähigkeit hin geprüft werden. Diese Karte ist dann unser „Eisbrecher", und die Patience kann fortgeführt werden, wenn sie passt. Andernfalls aber ist sie „eingefroren". Nichts geht mehr; die Patience ist gescheitert.

Schauen Sie sich die Grafik an: Sie können die Folge Pik-Sechs, Kreuz-Fünf an die Folge Pik-Neun, Kreuz-Acht, Pik-Sieben legen und erhalten dadurch wieder einen Freiplatz, der vom Talon besetzt wird. Erscheint nun – endlich! – eine **Zwei,** so ist das Eis gebrochen, denn diese Zwei

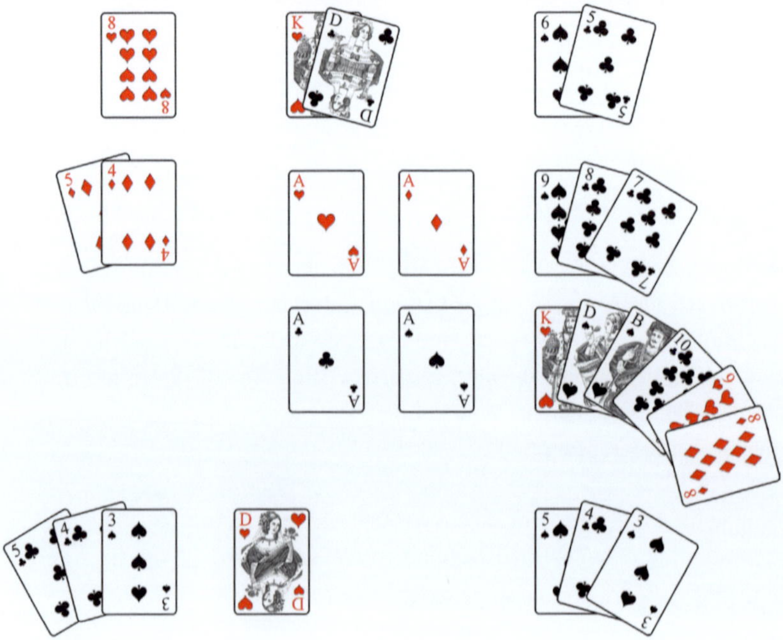

(unten)

Bei der Patience „Eisbrecher“ brechen die Zweien das Eis, denn nur sie lassen sich auf die Asse legen

kommt auf ihr Ass. Und wieder haben wir einen Freiplatz. Ist es gar eine Pik-Zwei, können wir eine der beiden links außen liegenden Pik-Dreien anbauen. Eine daran anbaufähige Pik-Vier wird dadurch aber leider nicht frei.

Sie ziehen nun wieder eine Karte vom Talon. Sie ist ein „Eisbrecher“, wenn sich durch sie neue Möglichkeiten ergeben oder wieder ein Freiplatz entsteht. Passt die Karte aber nicht, dann ist die Patience gescheitert. Ausnahme: Sie könnten durch Umbau innerhalb der Folgen noch neue Möglichkeiten schaffen, zum Beispiel: Die Kreuz-Familie sei bis zur Sieben auf dem Ass aufgebaut. Um an die Kreuz-Acht heranzukommen, dürfen wir – siehe Bild – die Pik-Sieben von der Kreuz-Acht wegnehmen und sie an die Karo-Acht oder an eine der Herz-Achten legen. Dadurch kommen Sie an die Kreuz-Sieben heran, und es kann weitergehen.

In der Grafik ist noch keine Zwei aufgetaucht, was die Aufbaumöglichkeiten auf die Asse blockiert. Normalerweise geht diese Patience aber recht oft auf!

Fächer

Spielerzahl: 1
Spieldauer: 5–10 Minuten
Schwierigkeit: hoch
Karten: 52 Patiencekarten

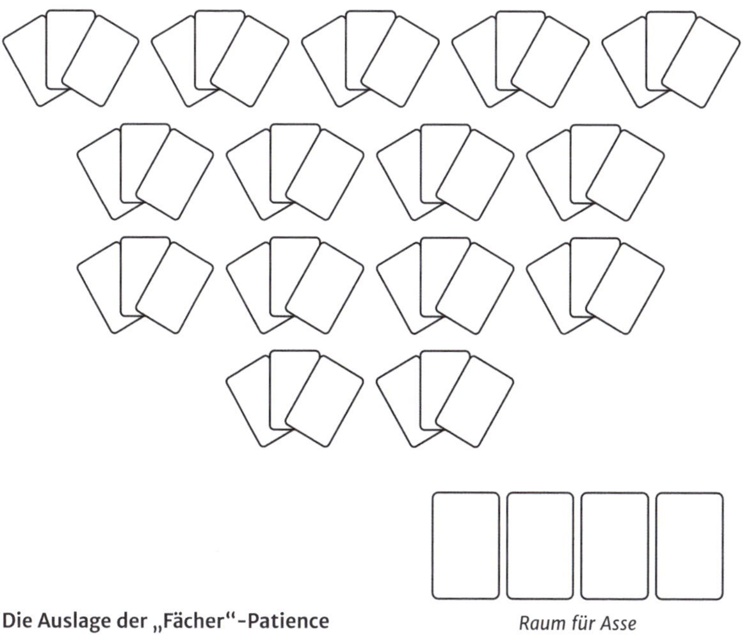

Die Auslage der „Fächer"-Patience

Diese Patience ist sehr schön für Einsteiger geeignet. Sie entnehmen dem Spiel die vier Asse und legen sie auf den Tisch. Die übrigen 48 gut gemischten Karten legen Sie in vier Reihen aus, je drei zu einem kleinen Fächer geordnet. Dabei wird die unterste, zuerst aufgelegte Karte eines Fächers ein Stück von der zweiten und diese wiederum von der dritten Fächerkarte überdeckt.

Auf die ausgelegten Asse werden in aufsteigender Form – über Zwei bis Zehn, Bube, Dame, König – Familien aufgebaut, und zwar sowohl in der richtigen Reihenfolge als auch in der richtigen Farbe.

Die obersten Karten eines Fächers dürfen ebenfalls zum Spiel verwendet werden.

Oben liegende Fächerkarten können an andere ebenfalls oben liegende Fächerkarten der gleichen Farbe in auf- oder absteigender Kartenfolge angelegt werden. Dadurch werden immer wieder Endkarten an den Fächern frei, die Sie an die dazugehörigen Asse anlegen.

Ergeben sich keine Anlegemöglichkeiten mehr, werden die Fächer oben links beginnend zusammengeworfen und neu gemischt. Den neuen Talon legen Sie zu Dreierfächern geordnet wieder aus. Noch ein drittes Mal dürfen die Fächer zusammengeworfen und neu ausgelegt werden. Sind bis dahin die vier Kartenfamilien, deren oberste Karte ein König sein muss, noch nicht auf den Assen aufgebaut, dann ist die Patience verloren.

Als Variante bietet es sich an, die 48 Karten in Viererfächern auszulegen.

Sie dürfen immer die jeweils außen liegenden Karten auf die Asse abbauen, bzw. sie an den Fächern anbauen. Auf die Asse wird steigend gebaut, an die Fächer aufsteigend und abfallend. Haben Sie derart an einem Fächer rechts außen etwa eine Folge von mehreren fallend gebauten Karten, so dürfen diese, falls möglich, geschlossen weggenommen und auf die steigende Ass-Familie gebaut werden.

Betrachten wir unsere erste Auslage und sehen zu, was sich da machen lässt.

Pik-Zwei auf Pik-Ass, Kreuz-Zwei auf Kreuz-Ass. Kreuz-Sieben an Kreuz-Acht. Karo-Zwei wird dadurch frei und kommt aufs Karo-Ass. Karo-Bube an Karo-Dame, Pik-Vier an Pik-Fünf, Kreuz-Vier an Kreuz-Fünf,

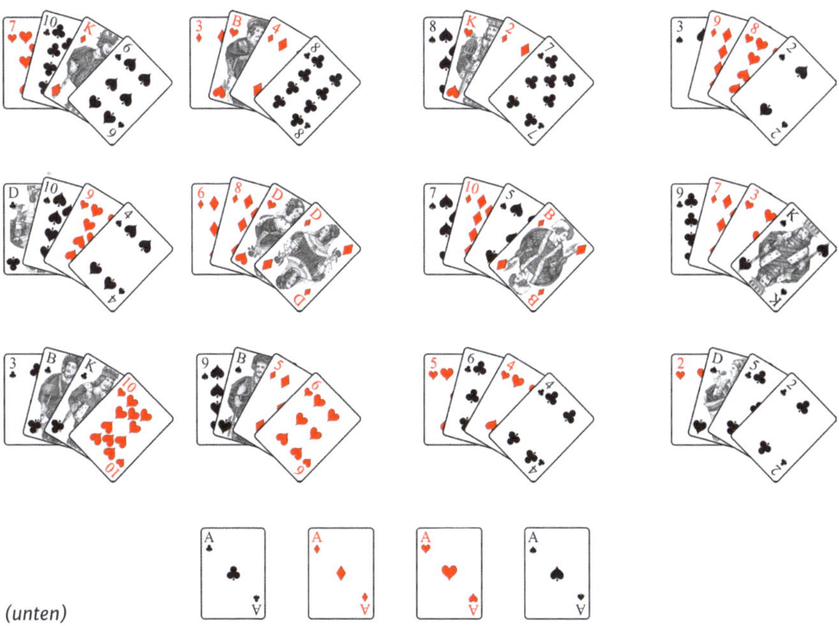

(unten)

Interessante Variante: der „Fächer" mit vier Karten in der ersten Auslagen

Pik-Fünf und Pik-Vier an Pik-Sechs, Karo-Zehn an Karo-Dame und Karo-Bube, Pik-Sechs, Pik-Fünf und Pik-Vier an Pik-Sieben, Karo-Dame, Karo-Bube, Karo-Zehn an Karo-König, Herz-Dame an Herz-König, Herz-Neun an Herz-Zehn, Herz-Acht an Herz-Neun, Karo-Neun an Karo-Zehn, Karo-Bube, Karo-Dame, Karo-König, Pik-Drei auf Pik-Zwei, Pik-Vier bis Pik-Sieben auf Pik-Drei.

Sofern wir nichts übersehen haben sollten, was auch dem routiniertesten Spieler mitunter widerfahren kann, geht nun nichts mehr!

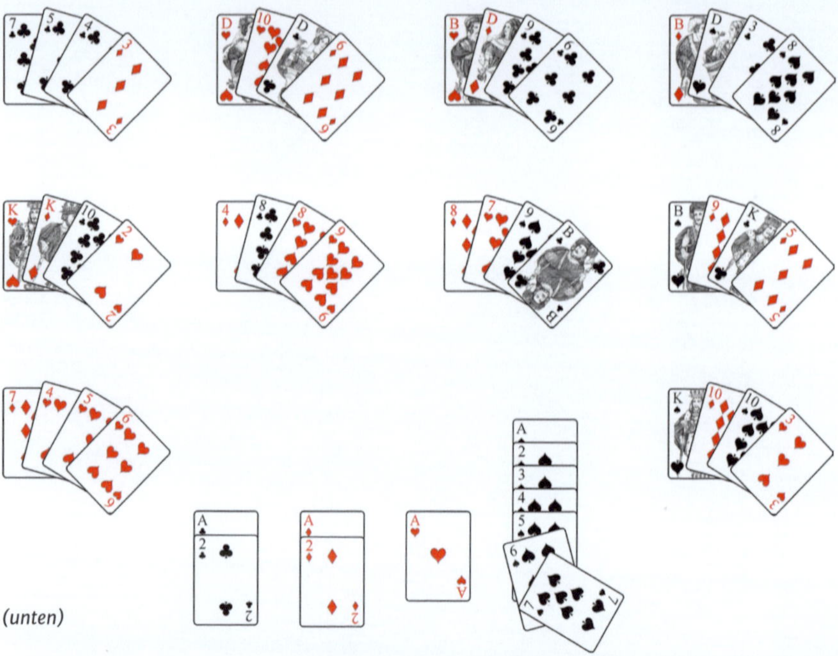

(unten)

Der „Fächer" in der zweiten Auslage

Alle Karten, bis auf die Ass-Familien, werden wieder eingenommen, gemischt und zum zweiten Mal ausgelegt. Dieses zweite Mal ist das letzte Mal. Gelingt es uns nun nicht, die Familien bis zu den Königen zu vervollständigen, ist die Patience gescheitert.

Bei dieser zweiten Auslage kann es vorkommen, dass der letzte Fächer nicht mehr vier Karten enthält, sondern drei, zwei oder gar nur eine. Das erklärt sich daraus, dass ja bereits eine Reihe Karten in den Ass-Familien festgelegt worden ist.

Diese Patience geht garantiert auf, probieren Sie es!

Familientag

Spielerzahl: 1 Schwierigkeit: sehr hoch
Spieldauer: 5–10 Minuten Karten: 2 x 52 Patiencekarten

Dies Patience verlangt die volle Aufmerksamkeit. Zwei Kartenspiele zu je zweiundfünfzig Blatt sind so unterzubringen, dass am Ende vier Päckchen mit je 26 Karten liegen. Damit nicht genug: Es sollen jeweils reinrassige Familien versammelt sein!

Jede „Doppelfamilie“ beginnt mit dem Ass, das als Eins gilt. **Darauf** wird steigend gebaut, also: Zwei, Drei, Vier ... Zehn, Bube, Dame, König. Nun aber wird darauf weiter aufgebaut, und zwar jetzt **fallend,** also vom König abwärts: Dame, Bube, Zehn ... Vier, Drei, Zwei, Ass, König. Ist so eine Doppelfamilie komplett, muss also zuunterst jeweils ein Ass liegen, zuoberst ein König.

So geht es los: Sie entnehmen dem Talon je ein Ass der vier verschiedenen Farben. Diese Asse legen Sie untereinander offen aus. Jetzt ziehen

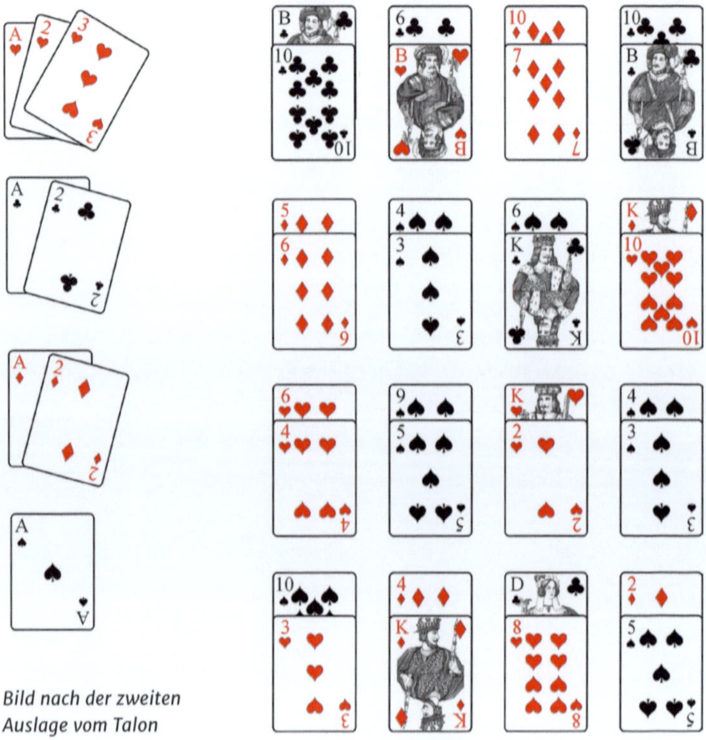

Bild nach der zweiten Auslage vom Talon

Am „Familientag" versammeln sich farbreine Doppelfamilien in vier Stapeln

Sie nacheinander sechzehn Karten vom Talon ab, die Sie in vier Viererreihen offen auslegen. Erscheinen dabei Zweien, werden diese gleich auf ihre Asse gelegt. Der dadurch entstandene frei Platz wird sofort durch eine neue Karte vom Talon besetzt. Ist da auch noch eine passende Drei, kommt auch sie auf die Folge Ass, Zwei. Geht nichts mehr, dann schauen Sie, ob passende Karten gleicher Farben im Bild angelegt werden können. Jetzt heißt es aufpassen: Nehmen wir als Beispiel einmal die Herz-Farbe – wir müssen ja diese Herzen einmal **fallend** im Bild bauen, einmal aber **steigend;** auf unser ausgelegtes Herz-Ass bis zum König, und danach fallend, über Dame, Bube ... wieder bis zu Ass, König.

Vier Könige also sind Sperrkarten, denn sie kommen ja als allerletzte auf ihre Doppelfamilie. Liegt in unserem Bild etwa eine Herz-Fünf und liegen da auch zwei Herz-Vieren, kommt eine Vier fallend auf die Herz-Fünf. Die andere aber bleibt liegen, bis die zweite Herz-Fünf erscheint, die nun steigend auf diese Vier gelegt wird.

Innerhalb der so begonnenen steigenden und fallenden Folgen dürfen Sie allerdings beliebig umbauen, sofern dies möglich und günstig ist. Geht gar nichts mehr, ziehen Sie vom Talon weitere Karten ab und legen sie der Reihe nach aus. Aber immer nur dorthin eine neue Karte, wo noch keine steigende oder fallende Folge angefangen ist!

Die Grafik zeigt das Spiel nach der zweiten Auslage. Es ist übersichtlicher, wenn zwischen den vier Viererreihen ein Zwischenraum frei bleibt.

Achten Sie auf die oberste Reihe. Es waren in der ersten Auslage zwei Kreuz-Buben und zwei Kreuz-Zehnen. In der zweiten Reihe kam durch die zweite Auslage auf die Karo-Fünf eine Karo-Sechs. Ob Sie hier nun steigend weiterbauen oder aber die Folge fallend abbauen, das bleibt Ihnen überlassen. Bleiben Sie bei steigend, müssen Sie unsere zweite, sich irgendwann ergebende Karo-Folge fallend bauen. Vier und Drei in Pik wurden bereits bei der ersten Auslage passend übereinandergebaut. Hier durften Sie also bei der zweiten Auslage keine Karte mehr anlegen.

In der dritten Reihe rechts außen ist ebenfalls eine fallende Folge angefangen. Hier bauen Sie fallend weiter, können also Pik-Vier, Pik-Drei an Pik-Fünf, vierte Reihe rechts außen legen.

Was aber nun mit Herz-Vier, erste Karte der dritten Reihe, links außen, was mit Herz-Zwei, dritte Karte der dritten Reihe, und was mit Herz-Drei, erste Karte der vierten Reihe? Herz-Vier kommt auf Herz-Drei.

Herz-Reihe über König, Dame und so fort bis zur Herz-Vier gediehen ist, die **nun** weggenommen und eingebaut werden kann.

Geht gar nichts mehr, ziehen Sie weitere Karten vom Talon und legen je eine an oder auf solche Reihen, die **keine** echten Folgen aufweisen. Werden in der obersten Reihe Plätze frei, dürfen Sie dorthin Könige legen, die andernfalls Blockadekarten wären. An sie darf bei der nächsten Auslage wieder angebaut werden. Ein einziges Mal darf der Talon durchgespielt werden, dann muss das Familientreffen geglückt sein.

||| TIPP

Achten Sie darauf, dass Sie je eine Folge fallend bauen, je eine steigend. Sie dürfen Folgen umbauen, sodass nun die zuerst steigende Folge zur fallenden wird, die zuerst fallende zur steigenden.

Flickenteppich

Spielerzahl: 1 | Schwierigkeit: mittel bis hoch
Spieldauer: 5–10 Minuten | Karten: 2 x 52 Patiencekarten

Bei dieser Patience müssen mehrere Möglichleiten erwogen und es muss vor allem gut vorausgeplant werden. Zunächst werden alle 104 Karten gut gemischt. Anschließend werden schuppenförmig zehn Reihen zu zehn Karten ausgelegt. So entsteht ein bunter „Flickenteppich“, der dieser Patience ihren Namen gibt.

Zehnmal zehn gibt hundert; vier Karten sind uns also übrig geblieben. Sie kommen unter die Auslage in den „Keller“ und sind dort unser „Vorrat“.

Jetzt muss es gelingen, die Asse freizulegen und sie über oder neben das Bild zu legen. Auf diese Asse sollen die acht Familien farbecht und in steigender Folge gebaut werden. Gelingt Ihnen das, dann sind am Ende alle Karten vom Tisch verschwunden und in acht Häufchen mit je 13 Karten vereinigt. Jedes Häufchen beginnt mit dem Ass und endet mit dem König.

Das schaffen Sie, wenn Sie an die in der untersten Querreihe liegenden Karten Folgen bauen, und zwar rot-schwarz, schwarz-rot im Wechsel, fallend! Dadurch werden in der darüber liegenden Reihe Karten frei, die nun ebenfalls, wenn möglich, zum Bau verwendet werden. Kommen Asse frei, werden sie sofort ausgelegt, und auf ihnen wird farbgerecht Zwei, Drei, Vier ... Dame, Ass gebaut.

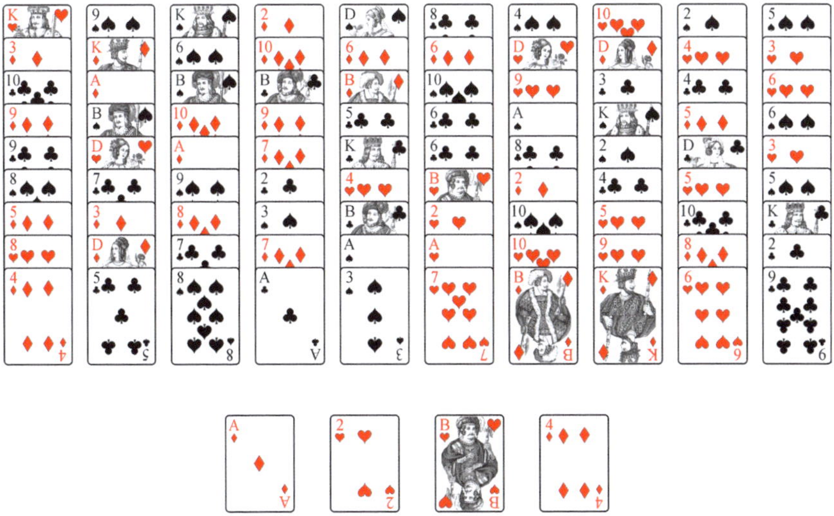

Der Keller

Der „Flickenteppich" trägt seinen Namen zu Recht

Die Kellerkarten bleiben liegen, sofern sie kein Ass enthalten, das sofort herausgenommen wird. Also unbedingt aufpassen, ob eine Kellerkarte zum Bau verwendet werden kann. Freie Plätze im Keller dürfen mit einer beliebigen Karte aus dem Bild belegt werden, egal wo diese Karte liegt. Wichtig ist nur, dass diese Karte dem Fortgang der Patience hinderlich ist.

Wird eine Senkrechte durch Ab- bzw. Anbau völlig aufgelöst, dürfen Sie auf den dadurch in der obersten Reihe entstandenen Freiplatz einen König legen, entweder einen allein oder einen, an dem schon eine ganze Folge hängt. Dadurch wird dann wiederum irgendwo eine Karte frei. Falls **zwei** Könige mit ihren Folgen auf den Freiplatz in der oberen Reihe gelegt werden könnten, wählen Sie jenen, durch dessen Wegnahme sich neue Möglichkeiten ergeben. Da alle Karten zweimal vorhanden sind, haben Sie oft die Wahl, z.B. zwischen zwei Pik-Achten, von denen eine fallend auf eine rote Neun gelegt werden darf oder steigend auf die Pik-Familie, die bereits bis zu einer Pik-Sieben gediehen ist.

Schauen Sie sich die Grafik (Seite 71) an und überlegen Sie, was zu tun ist. Erster Schritt: Das Ass aus dem Keller wegnehmen. Den Freiplatz im Keller heben Sie für später auf. In der untersten Reihe liegt noch ein Ass frei, das auch sofort wegkommt. Unter ihm wird eine Karo-Sieben frei – sie kommt auf die Pik-Acht. Kreuz-Fünf kommt auf Herz-Sechs, Karo-Vier auf Kreuz-Fünf, sodass Sie an der Herz-Sechs schon eine kleine Folge haben. Und Sie können sogar noch weiterbauen: die Pik-Drei an die Karo-Vier! Da ist nun schon wieder ein Ass frei geworden, das aus dem Bild genommen wird. Und unter der Herz-Sieben liegt auch ein Ass. Vielleicht hätten wir die Herz-Sieben lieber fallend an die Pik-Acht gebaut, statt der Karo-Sieben also? Das wäre günstiger gewesen, denn auf das unter ihr frei werdende Ass (es ist ein Herz-Ass) wäre steigend, farbecht die Herz-Zwei aus dem „Keller“ gekommen.

Wie schon eingangs erwähnt: Sie müssen bei dieser Patience sehr vorausschauend vorgehen.

Auf den freien Kellerplatz (das Ass, Sie erinnern sich) könnten wir den Karo-Buben legen, denn unter ihm wird dann eine Herz-Zehn frei, auf die die Kreuz-Neun (letzte Karte rechts unten) käme, sowie die dadurch frei werdende Kreuz-Zwei aufs bereits ausgelegte Kreuz-Ass. Die restliche Patience sollten Sie nun alleine weiterspielen können. Sollte es sich einmal ergeben, dass rein gar nichts zu bauen geht, nachdem Bild und Kellerkarten ausgelegt sind, dann darf entweder die oberste Reihe gegen die unterste vertauscht werden oder die unterste gegen die zweitunterste. Sollte dann immer noch nichts gehen, was sehr selten vorkommt, dann bleibt leider nur, das Bild einzunehmen, wieder zu mischen und es neu auszulegen.

Fürst Bismarck

Spielerzahl: 1 Schwierigkeit: hoch
Spieldauer: 20 – 30 Minuten Karten: 2 x 52 Patiencekarten

Für diese Patience benötigen Sie viel Platz!

Sie spielen mit einhundertundvier Karten, die gut gemischt und zum Talon vereinigt werden. Die obersten zwölf Karten werden vom verdeckten Talon abgezogen und wie in der Grafik (Seite 74) gezeigt im Uhrzeigersinn ausgelegt: Von links nach rechts, mit dem Kreuz-König, oben links beginnend, über Herz-Zehn, Karo-Sieben bis zum Karo-Buben. Jetzt prüfen Sie das Bild auf darin enthaltene Asse und (oder) Könige. Könige – immer nur **einer** von jeder Farbe – kommen in die Senkrechte links, Asse – ebenfalls immer nur **eines** von jeder Farbe – kommen in die Senkrechte rechts. Sie haben in unserem Bild zwei

Kreuz-Könige; einen legen Sie also zuoberst in die linke Senkrechte, der andere Kreuz-König bleibt im Bild liegen. Das Pik-Ass kommt oben rechts in die Senkrechte. Die dadurch frei gewordenen Plätze im Bild werden vom Talon wieder neu besetzt.

Sollten sich im Bild noch Anschlusskarten befinden, werden diese auch gleich aufgelegt und durch neue Karten vom Talon ersetzt. Anschlusskarten wären: auf Könige die farbechten Damen, Buben, Zehnen und so fort; auf Asse die farbechten Zweien, Dreien und so fort. Das Ziel: Es sollen acht Familien farbecht gebaut werden, auf den Königen fallend, sodass diese Familien dann je mit dem farbechten Ass enden; auf den Assen steigend, sodass diese Familien dann je mit ihrem farbechten König enden.

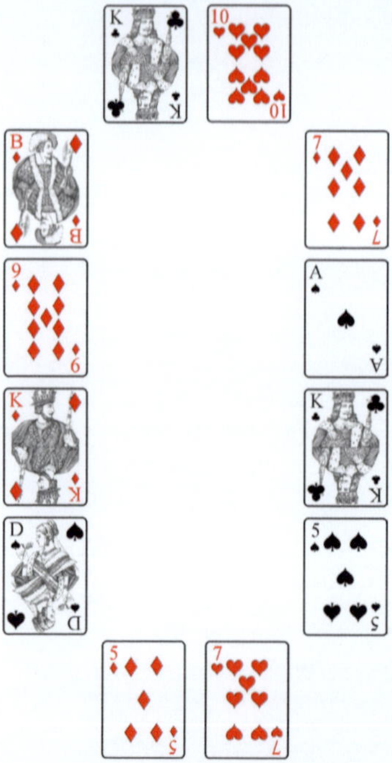

Sind die entstandenen Freiplätze vom Talon besetzt, kommt die „zweite Runde". Über jede Karte legen wir schuppenförmig – wieder links oben beginnend und im Uhrzeigersinn – je eine neue Karte vom Talon. Ist die Runde beendet, dann schauen Sie, ob weitere Asse und Könige bzw. farbecht passende Anschlusskarten erschienen sind. Wenn ja, legen Sie sie auf ihren Platz in der Bildmitte. Dann ersetzen Sie die Plätze, von denen Sie sie genommen haben, durch je eine neue Karte

Die Patience „Fürst Bismarck" nach der ersten Auslage

vom Talon. Sind hierbei wieder passende Karten für die Auslage in der Bildmitte, kommen auch sie dorthin. Die Plätze werden neu vom Talon besetzt. Geht nichts mehr, legen wir – wie oben – die „dritte Runde“ aus.

Nach der dritten Auslage (siehe Grafik) kann so angelegt werden: Kreuz-Zwei auf Kreuz-Ass, Karo-Zehn auf Karo-Bube. Aber der oben außen freiliegende Herz-König findet keine Verwendung; denn alle Könige der vier verschiedenen Farben liegen bereits in der Bildmitte. Die beiden Freiplätze, die durch Wegnahme von Kreuz-Zwei und Karo-Zehn entstanden sind, werden sofort durch Karten vom Talon neu besetzt. Sollte abermals eine aufbaufähige darunter sein, kommt auch sie sogleich in die Bildmitte und wird wiederum durch eine neue Karte vom Talon besetzt.

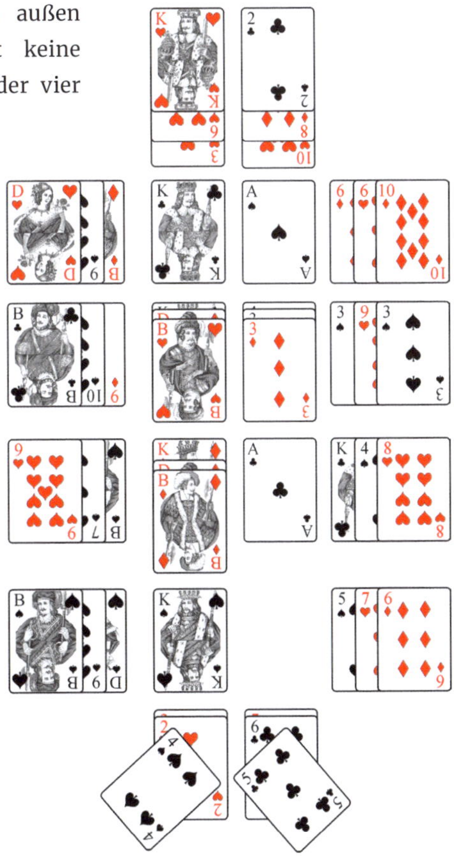

„Fürst Bismarck“: das Bild nach der dritten Auslage

So fahren Sie fort, bis der Talon aufgebraucht ist. Neunundvierzig Karten liegen nach der „dritten Runde“ im Bild, fünfundfünfzig Karten also haben Sie noch im Talon. Nachdem auch diese fünfundfünfzig Karten auf dem Tisch untergebracht sind, geht das Spiel erst richtig los: Jetzt nämlich bauen Sie über den jeweils obersten – also freien – Karten passende Karten an, die ebenfalls freiliegen, entweder oben an den beiden Reihen über den beiden Mittelsenkrechten, seitlich rechts an rechten Senkrechten, unter den beiden Reihen unter den beiden Mittelsenkrechten oder links an den Reihen neben den Mittelsenkrechten links. Sie müssen farbecht bauen, also Herz an Herz, Pik an Pik und so fort. Aber Sie dürfen fallend **oder** steigend bauen. Ist da also eine Folge entstanden, die Karo-Zehn, Karo-Neun, Karo-Acht und Karo-Sieben zeigt, darf daran wieder – steigend – Karo-Acht, Karo-Neun gebaut werden und daran auch wieder fallend. Falls die Karo-Reihe also bis zum Karo-Buben gediehen ist, könnte wieder eine Karo-Neun angebaut werden. Leider haben Sie ja nur zwei Karo-Neunen. Irgendwann also muss der Wechsel zwischen steigend und fallend stocken.

Sie dürfen Anschlusskarten für die farbechten Familien in der Bildmitte sofort anbauen, wenn sie auftauchen, immer auf Könige fallend, auf Asse steigend. Der Bau der echten Familien hat immer Vorrang, denn sie fertig zu stellen ist ja das Ziel.

Teilfolgen dürfen auch untereinander ausgetauscht werden, sofern sich an einer anderen, der Farbe entsprechenden Folge die Anschlusskarte befindet.

Wenn ganze Reihen weggespielt sind, sodass also Freiplätze direkt neben der Mittelauslage entstehen, dann ist das sehr gut. Auf solche Freiplätze dürfen Sie nämlich legen, was Sie wollen: hinderliche Einzelkarten, ganze Folgen oder auch verkehrte Folgen, also steigende fallend umbauen, fallende steigend, oder auch Teile solcher Folgen wegnehmen und auf den Freiplatz legen. Dies wiederum entweder in einem Stück oder steigend bzw. fallend umgebaut.

Auch dürfen Sie innerhalb der im Bau befindlichen Familien Umgruppierungen vornehmen, um an eine wichtige Anschlusskarte zu gelangen. Sie dürfen also von der Königsfamilie steigend auf ihre farbgleiche Ass-Familie hinüberbauen und umgekehrt. Es darf aber auf gar keinen Fall von einmal begonnenen Familien ab- oder aufgebaut werden auf Folgen!

Wenn nichts mehr geht, dann nehmen Sie die gesamte Auslage um die Bildmitte herum ein. Sie beginnen wieder oben links, schieben die dort liegenden Karten zu einem Päckchen zusammen; darunter kommt das nächste zusammengeschobene Päckchen, immer im Uhrzeigersinn, bis Sie auch das letzte Päckchen zusammengeschoben und unter das vorletzte gelegt haben. Jetzt halten Sie den ganzen Talon offen in der Hand und drehen ihn um, sodass er verdeckt ist. Dann legen Sie wieder aus, Karte für Karte, oben links beginnend und im Uhrzeigersinn fortfahrend.

Alle dabei erscheinenden aufbaufähigen Karten für Ihre Familien, die noch in der Bildmitte liegen blieben, legen Sie sofort auf ihren Platz und ersetzen derart weggenommene sofort durch eine neue Karte vom Talon.

Liegen nun wieder alle Karten da, darf wie oben geschildert verfahren werden, also wieder Folgen auf- oder abbauen, passende Karten, die dabei frei werden, auf ihre Familien, Freiplätze nach Belieben neu besetzen. Jetzt muss die Patience aber aufgehen (oder scheitern), denn mehr als zweimal darf der Talon nicht durchgespielt werden. Diese Patience geht sehr häufig auf!

Galerie

Spielerzahl: 1 Schwierigkeit: mittel
Spieldauer: 5–10 Minuten Karten: 52 Patiencekarten

In drei Ablagereihe und einer Hilfsreihe werden zunächst je acht Karten ausgegeben.

Ziel dieser Patience ist es, die Karten so zu ordnen, dass am Ende in der ersten Reihe nur Könige, in der zweiten nur Damen und in der dritten Ablagereihe nur Buben zu sehen sind.

Zuunterst müssen in der ersten Ablagereihe Vieren, in der zweiten Dreien und in der dritten Zweien liegen. Hierauf kann man dann die jeweils drei Kartenwerte größere Karte gleicher Zeichnung legen. Also muss man in der ersten Reihe auf die Vier eine Sieben, eine Zehn und dann einen König legen. Bei den zwei anderen Ablagereihen ist das entsprechend. Asse werden aus der Auslage entfernt und zur Seite gelegt. Karten dürfen nur auf korrekt liegende Kartenstapel gelegt werden. Dazu werden falsch liegende Karten von der Ablage oder Karten vom Hilfsstapel genommen. Ein frei werdender Hilfsstapel muss sofort vom Talon nachgefüllt werden.

Genesungspatience

Spielerzahl: 1 Schwierigkeit: einfach
Spieldauer: 15–30 Minuten Karten: 52 Patiencekarten

Diese Patience verdankt ihren Namen der Autorin Irmgard Wolter, die schon vor Jahrzehnten einige Bücher zu Patiencen veröffentlicht hat, natürlich auch bei humboldt. Dabei war natürlich der Grundgedanke, dass Rekonvaleszenten, die das Bett hüten müssen, gerne eine Patience spielen. Die Spielregeln dieser Patience sind einfach, das Spiel selber aber langwierig und bis zum Schluss sehr spannend.

So geht diese Patience: Von einem Spiel zu zweiundfünfzig Blatt wird immer jede dritte Karte umgedreht. Finden Sie einen König, dann wird er ausgelegt. Über den Königen werden die Asse ausgelegt, wenn zu einem erscheinenden Ass bereits der König in gleicher Farbe liegt. Auf die Asse bauen Sie farbecht steigend, auf die Könige farbecht fallend. Es darf immer nur jede dritte Karte benutzt werden. Alle abgezogenen Karten des Talons werden zwar offen als Stapel ausgelegt, dürfen aber nicht mehr mitbenutzt werden zum Bau. Liegt da also eine Kreuz-Dame oben offen auf dem Ablagestapel und ziehen Sie als dritte Karte vom Talon den Kreuz-König, kommt der zwar auf den Tisch, aber die Dame darf nicht angelegt werden.

Nicht immer wird die dritte Karte auch die letzte des Talons sein. Ist der Talon etwa bei der zweiten abgezogenen Karte verbraucht, dann drehen Sie ihn um, und die nun erste gezogene wäre anbaufähig, sofern sie passt. Weil die Asse ja erst ausgelegt werden dürfen, wenn die jeweils farblich zu ihnen passenden Könige bereits daliegen, haben Sie manchmal schon eine lange Folge an die Könige gehängt, bevor überhaupt das Ass erscheint. Hier ist Geduld verlangt, aber irgendwann ziehen Sie garantiert die jeweilige Anschlusskarte. Und dann kann die fallende Folge von den Königen auf die steigende Folge auf den Assen hinübergebaut werden. Eine komplette Familie bildet am Ende also ein Häufchen, mit dem Ass als Grundkarte und mit dem König als Endkarte.

Schauen Sie die Bildtafel an: Hier sind drei Familien komplett. Sie brauchen also bloß noch hinüberzubauen von den Königsfolgen auf die Ass-Folgen. Der Herz-Familie aber fehlen noch die Drei, die Vier, die Fünf.

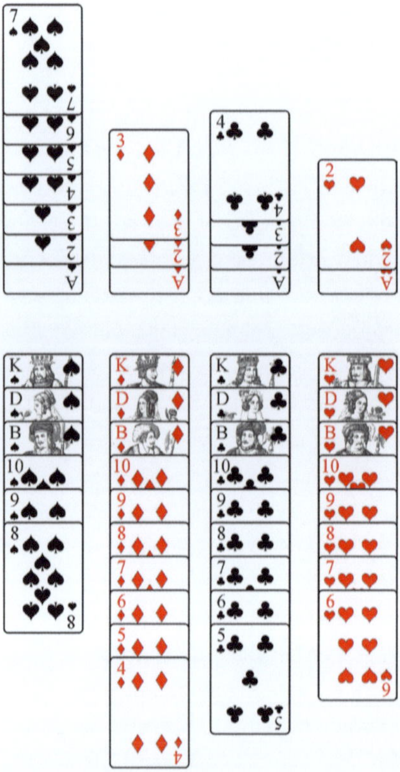

Bild der Auslage, nachdem alle Karten bis auf drei ihren Platz gefunden haben

Die „Genesungspatience"

Hoffentlich geraten Sie nun nicht in diese Falle: Weil ja immer nur die dritte Karte verwendet werden darf und weil Sie nur noch drei Karten haben, darf diese dritte Karte keine Vier sein! Drei lässt sich anlegen, Fünf lässt sich auch anlegen, Vier aber nicht. Immer bleibt die dritte Karte die unbrauchbare Vier!

Gleiche Farben zudecken

Spielerzahl: 1 Schwierigkeit: mittel
Spieldauer: 5–10 Minuten Karten: 32 oder 52 Patiencekarten

Diese Patience kann mit zweiunddreißig oder mit zweiundfünfzig Karten gespielt werden. Vom Talon werden die obersten vier Karten abgezogen und offen ausgelegt. Sind dabei zwei von einer Farbe, dann werden sie mit zwei neuen Karten vom Talon so zugedeckt, dass diese wiederum offen daraufgelegt werden. Befinden sich drei oder gar vier Karten gleicher Farbe im Bild, werden sie allesamt zugedeckt! Also beispielsweise drei Kreuzkarten, vier Pikkarten ...

Die Patience ist aufgegangen, wenn es Ihnen so gelingt, den ganzen Talon auf den Tisch zu bringen. Wenn vier Karten von vier verschiedenen Farben aufliegen, also eine Kreuzkarte, eine Pikkarte, eine Herzkarte und eine Karokarte, dann ist die Patience gescheitert.

Das Spiel kann dadurch vereinfacht werden, dass nicht nur Karten gleicher Farbe zugedeckt werden dürfen, sondern außerdem auch solche gleichen Wertes. Zum Beispiel: Kreuz-König und Herz-König oder Pik-Acht und Karo-Acht.

Golf

Spielerzahl: 2 Schwierigkeit: mittel
Spieldauer: 5–10 Minuten Karten: 52 Patiencekarten

Dies ist eine Patience, bei denen nicht auf Grundkarten aufgebaut wird, sondern alle Hilfsreihen in einen gemeinsamen Stoß eingebaut werden. Es zählt die „geringste Zahl der Schläge“ (wie beim Golf), also die niedrigste Zahl der Karten, die nach einem Durchgang in der Auslage zurückbleiben. Um zu gewinnen, muss man die gesamte Auslage in den Stoß einarbeiten.

So sind die Regeln: Bildoffen wird eine Reihe von sieben Karten ausgelegt. Darauf überlappend weitere vier Reihen, insgesamt also 35 Karten. Nur die oberste Karte des Stoßes dient als Grundkarte. Jede freie Karte, die in auf- oder absteigender Folge mit der obersten Karte des Stoßes ist, darf angebaut werden, Farben werden nicht berücksichtigt. Auf einen König darf keine Dame abgelegt werden. Die nächste Karte muss vom Talon kommen. Daher müssen Sie, falls Könige in den Hilfsreihen ausliegen, versuchen, auch Damen im Spiel zu halten. Jeweils eine Karte wird auf den Stoß gelegt, der Talon wird nur einmal durchgespielt. Die oberste Karte wird als Grundkarte verwendet. Sobald der Talon durchgespielt wurde, zählen Sie die Restkarten in der Auslage. Je weniger, desto besser, ganz wie beim Golfen.

Hahn im Korb/Harem

Spielerzahl: 1 | Schwierigkeit: mittel
Spieldauer: 5–10 Minuten | Karten: 52 Patiencekarten

Bei dieser Patience kommt es auf die Damen an, daher der augenzwinkernde Name.

Aus einem Spiel zu zweiundfünfzig Blatt werden alle Könige und alle Asse herausgenommen. Pik-, Kreuz- und Karo-König werden weggelegt, sie spielen nicht mit. Der Herz-König kommt mitten auf den Tisch, um ihn herum werden die Asse ausgelegt (oben, unten und je eines an jeder Seite). Ziel ist es, auf diesen Assen farbechte Familien aufzubauen, die mit ihren Damen enden, sodass sich schließlich alle vier Damen um ihren König gruppieren.

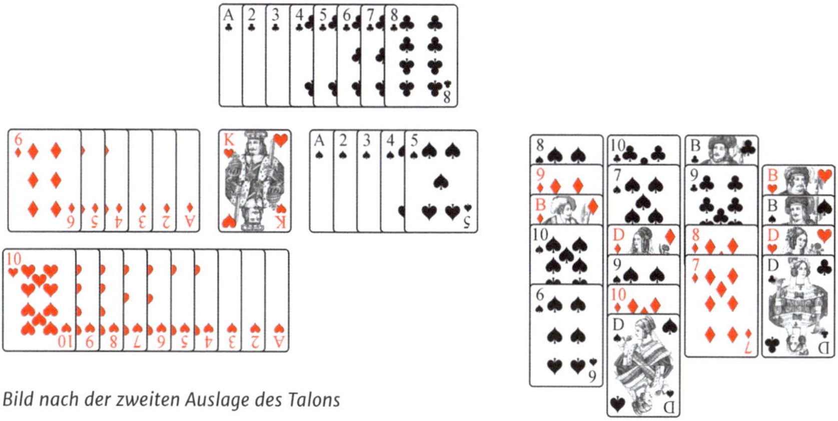

Bild nach der zweiten Auslage des Talons

Die Patience „Hahn im Korb“ ist auch als „Harem“ bekannt

Vom verdeckten Talon ziehen Sie Karte für Karte ab, die in einer Viererreihe waagerecht ausgelegt werden. Erscheint dabei eine Karte, die farbecht und steigend auf ein Ass gelegt werden kann, kommt sie sofort dorthin. Ihr Platz in der Reihe bleibt frei, d.h., die nächstgezogene Karte kommt, falls nicht anbaufähig, neben den Platz der vor ihr angelegten Karte. Schuppenförmig legen Sie nun die nächste Viererreihe über die erste. Passende Karten werden gleich auf ihre Familie gelegt; wieder bleiben deren Plätze in der Auslage frei. Alle unten (also an den Senkrechten) freiliegenden Karten spielen mit. Legten Sie also eine Karo-Drei als erste Karte der zweiten Reihe aus und erscheint als dritte Karte der zweiten Reihe die Karo-Zwei, werden Zwei **und** Drei auf ihre Familien gelegt. Auch der Platz, von dem Sie die Drei wegnahmen, bleibt frei. So fahren Sie fort, bis der Talon aufgebraucht ist. Sie haben am Ende also vier Reihen, die – von oben nach unten – nicht alle gleich viele Karten enthalten.

Jetzt wird die Auslage eingenommen, neu gemischt und wieder ausgelegt, wie oben beschrieben. Sie dürfen dann auch noch ein drittes Mal auslegen, dann aber muss unser „Hahn“ im Korb sein. Alle Karten sind in ihren Familien, mit den Damen endend, untergebracht.

Die Grafik (Seite 83) zeigt die zweite vollendete Auslage. Da kann nun noch die Pik-Sechs an die Pik-Fünf. Die Karo-Sieben kann an die Karo-Sechs. Und die darunter frei gewordene Karo-Acht kann an die Karo-Sieben. Mehr geht leider nicht. Die zuletzt angelegten Damen blockieren den Ab- bzw. Aufbau der Karten.

Wegen der besseren Übersicht haben wir die Familien um den König schuppenförmig gebaut. Sie brauchen das natürlich nicht zu tun, sondern packen Karte auf Karte. Sie dürfen die Auslage einnehmen, mischen und zum dritten Mal auslegen.

Hoffentlich zeigt sich nun der „Hahn im Korb“ (oder der „Sultan im Harem“).

Hänsel und Gretel

Spielerzahl: 2 Schwierigkeit: mittel
Spieldauer: 5–10 Minuten Karten: 2 x 52 Patiencekarten

Eine schöne Idee, diese Patience für 2 Personen nach einem Märchen zu benennen. Wann und wo auch immer eine Patience entstanden ist, sehr oft zeigt sich eine große Phantasie bei der Namensgebung.

So geht es los: Jeder der zwei Spieler mischt ein Spiel zu zweiundfünfzig Blatt. Nun legt jeder verdeckt zweimal acht Häufchen zu je drei Karten in je zwei Reihen aus. Jeder hat nun achtundvierzig Karten ausgelegt, die restlichen vier legt jeder verdeckt neben seinem Bild ab, nachdem er die oberste offen gezeigt hat.

Derjenige beginnt das Spiel, dessen vorgezeigte Karte den höchsten Wert aufweist. Zeigen beide Spieler eine Karte gleichen Wertes, z. B. jeder eine Neun, dann entscheidet die Farbe. Die höchste Farbe ist Kreuz, es folgt Pik, Herz und Karo. Der Sieger (Hänsel) darf nun zunächst die obersten Karten seiner sechzehn Dreierhäufchen umdrehen. Jetzt dreht der zweite Spieler (Gretel) Karte für Karte, aber immer nur die oberste eines jeden Häufchens, um. Kommt dabei eine zum Vorschein, die in einer der beiden Achterreihen bei Hänsel obenauf liegt, nimmt Gretel beide Karten ein und legt sie beiseite. Beispiel: Gretel wendet eine Kreuz-Acht um; bei Hänsel liegt eine Kreuz-Acht auf. Hänsel bekommt beide Achten. So geht das fort, bis Gretel alle ihre Karten gewendet hat.

Jetzt ist Gretel aber an der Reihe. Hänsel dreht nun alle jene Karten der Reihe nach um, die durch Wegnahme gleicher Paare bei ihm frei wurden. Sind solche dabei, die Gretel beim Umwenden ihrer frei gewordenen Karten auch hat oder aber die sich bei ihr dort offen finden, wo noch nichts weggenommen worden war, so nimmt Gretel nun das Kartenpaar.

So geht das weiter, bis keine Möglichkeiten mehr vorhanden sind. Wieder tritt nun ein Spielerwechsel ein. Derjenige, der nicht am Spiel ist, zieht die oberste Karte von seinem bei der Auslage übrig gebliebenen Viererpäckchen ab. Hat sein Gegenspieler die entsprechende im Bild, nimmt er das Pärchen.

Wenn nichts mehr geht, wird wieder gewechselt. Der andere zieht nun Karte für Karte vom Talon ab. Gerät die Patience ins Stocken, bevor alle Karten vom Tisch sind, ist sie nicht aufgegangen. Jetzt wird aber noch der Gewinner ermittelt. Es ist derjenige, der die meisten Pärchen bei sich vereinigt hat, ganz gleich, ob die Patience nun aufging oder nicht.

Harfe

Spielerzahl: 1
Schwierigkeit: einfach bis mittel
Spieldauer: 5–10 Minuten
Karten: 2 x 52 Patiencekarten

Wird diese Patience mit 104 Karten gespielt, dann nennt man dies auch „Die große Harfe“. Es geht aber auch mit zweiundfünfzig Karten, dann wäre dies „Die kleine Harfe“.

Zunächst die Version mit 104 Karten: Die Karten werden gut gemischt und ausgelegt. In die erste Reihe legen Sie neun verdeckte Karten. Die zehnte Karte legen Sie offen daneben. Unter diese Reihe kommt eine zweite Reihe zu acht verdeckten Karten, daneben eine offene neunte Karte. Darunter geben Sie eine Reihe mit sieben verdeckten und einer offenen achten Karte usw., bis in der zehnten Reihe nur eine offene Karte liegt.

Achten Sie beim Auslegen darauf, dass jede Reihe die vorhergehende halb überdeckt und treppenförmig abgestuft, einer Harfe gleichend, auf dem Tisch liegt. Auf den während des Spiels erscheinenden Assen sollen in aufsteigender Ordnung Familien aufgebaut werden, z. B. auf Pik-Ass: Pik-Zwei, auf Herz-Ass: Herz-Zwei usw.

Sie legen daher Asse, die Sie aufdecken, in einer waagrechten Reihe aus. An die offenen Karten der Harfe darf ebenfalls angelegt werden, und zwar in fallender Folge und Rot-Schwarz im Wechsel. Wird durch das Umlegen eine verdeckte Karte frei, so wird sie umgeschlagen, d. h. gewendet. Die Harfe soll möglichst bald abgebaut werden, um neue Auslegemöglichkeiten und vor allem die noch fehlenden Asse zu bekommen. Der Talon darf nur einmal umgeschlagen werden, doch dürfen Sie die jeweils oberste Karte des als unbrauchbar abgelegten Kartenpacks verwenden.

Gelingt es, alle Familien auf den Assen aufzubauen, ist die Patience gelungen.

So geht „Die Kleine Harfe“: Vom Talon ziehen Sie Karten ab und legen in die erste Reihe sechs Karten verdeckt, die siebente offen. Die zweite Reihe schuppenförmig unter der ersten, fünf Karten verdeckt, die sechste offen. Die dritte Reihe vier Karten verdeckt, die fünfte offen, die vierte Reihe drei Karten verdeckt, die vierte offen. Die fünfte Reihe zwei Karten verdeckt, die dritte offen. Die sechste Reihe eine Karte verdeckt, eine offen. Die siebte Reihe eine Karte offen. Das Bild ähnelt nun einer Harfe.

An die unten offen liegenden Karten soll fallend gebaut werden, und zwar rot-schwarz, schwarz-rot im Wechsel. Frei liegende Asse werden sofort herausgenommen und als Grundkarten vier farbechter, steigender Familien extra aufgelegt.

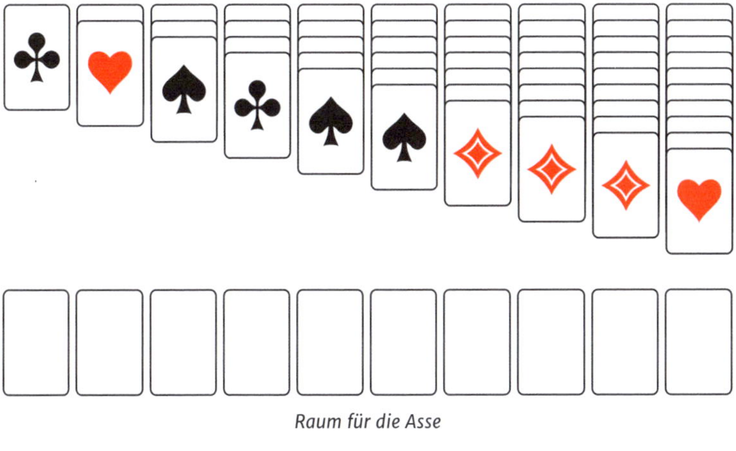

So wird die „Harfe“ ausgelegt

Sollten Anschlusskarten im Bild sein, z.B. zu einem herausgelegten Herz-Ass die Herz-Zwei und sogar noch die Herz-Drei, so kommen diese sofort auf ihr Ass. Die darunter frei gewordenen verdeckten Karten werden umgedreht (immer nur die jeweils unterste!) und – falls möglich – ebenfalls zum Bau der Familien oder der fallenden, farbunechten Folgen verwendet. Liegt im Bild etwa eine Pik-Zehn (schwarz) als unterste Karte einer senkrechten Reihe, so passt daran entweder eine rote Herz-Neun oder eine rote Karo-Neun. Ihnen würde dann, sobald es sich ergibt, die Anschlusskarte (fallend, in der Gegenfarbe) folgen müssen.

Geht gar nichts mehr, ziehen Sie Karte für Karte vom Talon und prüfen sie auf ihre eventuellen Verwendungsmöglichkeiten. Unbrauchbare Karten kommen **offen** auf den Ablagestapel; die jeweils oberste des Ablagestapels spielt mit!

Entstehen durch Auflösung senkrechter Reihen Freiplätze in der obersten waagerechten Reihe, so dürfen hierin **nur** Könige gelegt werden bzw. solche Könige, an denen bereits farbunechte, fallende Folgen „hängen“. Gibt es hierfür keine Möglichkeit, bleiben die Plätze so lange frei, bis ein König auftaucht.

Wenn der Talon durchgespielt ist, wird der Ablagestapel eingenommen und nun – wiederum als Talon – durchgespielt. Dies darf so oft wiederholt werden, bis die Patience entweder aufgegangen oder gescheitert, also in irgendeiner Phase so festgefahren ist, sodass trotz wieder und wieder abgezogenen Talons keine Auf- und Anbaumöglichkeiten mehr vorhanden sind.

||| TIPP

Liegen die Asse weit oben im Bild verdeckt, dann können keine Familien aufgebaut werden. Es bleibt dann allein der Bau unechter, fallender Folgen. Ungünstig ist es auch, wenn sich die Könige im Talon befinden statt im Bild. In diesem Fall darf von einer Folge auf die andere umgepackt werden, wenn dadurch eine zum Familienbau benötigte Anschlusskarte frei wird.

Herz zu Herz

Spielerzahl: 1 | Schwierigkeit: einfach

Spieldauer: 5–10 Minuten | Karten: 32 Patiencekarten (Skatblatt)

Auch Schlager scheinen für Patiencen namensstiftend zu sein. Diese Patience ist wie eine kleine Romanze mit Herz! So geht das Spiel: Es geht darum, die acht Herzkarten herauszuspielen. Von Ihrem Blatt mit 32 Karten werden drei Karten abgezogen und offen ausgelegt. Erscheint dabei eine Herzkarte, wird sie gleich weggenommen. Im ganzen werden fünfmal je drei Karten vom Talon abgezogen und ausgelegt. Immer wieder werden dabei erscheinende Herzkarten herausgenommen und weggelegt.

Nun werden die auf dem Tisch verbliebenen Karten, die nun ganz „herzlos“ sind, zusammen mit dem Talon gut durchgemischt. Immerhin: Im Talon sollten normalerweise noch Herzkarten sein. Wieder wird ausgelegt, und zwar wiederum fünf Reihen zu je drei Karten. Und wieder werden alle Herzkarten aussortiert.

Sollten nun alle acht Herzkarten noch immer nicht weggelegt worden sein, wird zum dritten Mal ausgelegt und verfahren wie oben beschrieben.

Liegen danach alle Herzkarten beisammen, abgelegt auf dem Tisch, ist die Patience aufgegangen.

Hochzeitspaar

Spielerzahl: 1 Schwierigkeit: niedrig
Spieldauer: 5–10 Minuten Karten: 52 Patiencekarten

Aus einem Patiencespiel werden Herz-Dame und -König herausgesucht. Der König wird ganz unter das Kartenspiel zurückgeschoben. Die Herz-Dame wird offen auf den Tisch gelegt, daneben werden von links nach rechts weitere Karten gereiht. Nebeneinander liegende gleichfarbige oder gleichwertige Karten werden fortgelegt. Trifft es sich, dass nur ein Blatt oder höchstens zwei Blätter zwischen gleichfarbigen oder gleichwertigen Karten (zwischen zwei Königen, zwischen zwei Kreuzblättern usw.) erscheinen, so können die störenden Blätter entfernt und die gleichen nebeneinander geschoben werden. Gelingt es, alle Karten des Spieles zu entfernen, so muss zum Schluss das Hochzeitspaar Herz-Dame und Herz-König vereinigt sein.

Hunde ins Körbchen

Spielerzahl: 1 Schwierigkeit: niedrig
Spieldauer: 5–10 Minuten Karten: 52 Patiencekarten

Die vier Asse werden offen in zwei Reihen zu je zwei Karten ausgelegt.

Es kommt darauf an, den Talon zweimal durchzuspielen und dabei immer die Zweien, Dreien, Vieren und so fort bis zu den Königen auf den Assen auszulegen, wobei es darauf ankommt, Rot auf Rot zu legen und Schwarz auf Schwarz. Auf Kreuz-Drei darf also Pik-Vier gelegt werden, nicht aber Herz- oder Karo-Vier. Sie kommen auf die roten Asse bzw. die bereits auf ihnen ausgelegten roten Karten.

Was beim ersten Durchgang nicht ausgelegt werden kann, wird offen an den vier Ecken, rechts und links oben und rechts und links unten also, abgelegt. Beim ersten Durchgang haben Sie garantiert die Zweien auf die Asse legen können. (Selbstverständlich kann man die oberste Karte der vier Eckstapel wieder zurücknehmen und auf einen der vier Mittelstapel auflegen, falls dies inzwischen passt.) Dann werden die Karten von den vier Ecken genommen und zum neuen Talon vereinigt. Beim zweiten Durchgang wird die Patience nun gelingen, wenn man sich eines Tricks bedient: Links oben werden alle nicht verwendeten Dreien und Vieren auf einem Stapel abgelegt, rechts oben auf einem Stapel alle nicht verwendeten Fünfen, Sechsen und Siebenen, links unten die Achten, Neunen und Zehnen als einen Stapel, rechts unten auf einem Stapel die Buben, Damen und Könige. Wir sammeln die „Ecken“ (das sind die Hunde, die ins Körbchen kommen) so ein, dass zuoberst die Dreien und Vieren liegen, darunter die Fünfen, Sechsen und Siebenen, darunter die Achten, Neunen und Zehnen, darunter, als letzte Karten, die Buben, Damen und Könige.

Sie bringen nun bei der zweiten Auslage die Patience oft zum Aufgehen. Wem dies zu einfach erscheint, der darf die Sache erschweren, indem er nicht Rot auf Rot und Schwarz auf Schwarz legt, sondern farbecht Herz auf Herz, Karo auf Karo, Pik auf Pik, Kreuz auf Kreuz. Dann geht die Patience, die im Übrigen wenig Nachdenken, aber viel Aufpassen erfordert, aber natürlich nicht mehr so häufig auf.

Kalkulation

Spielerzahl: 1 Schwierigkeit: sehr hoch
Spieldauer: 45 – 60 Minuten Karten: 2 x 52 Patiencekarten

Diese Patience kann süchtig machen, wenn man sie einmal beherrscht! Wie der Name schon vermuten lässt, sind hier Rechenkünste notwendig. Aber kein Angst: Als erfahrener Spieler werden Sie diese schon bald beherrschen. Als Anfänger sollten Sie aber zunächst mit einfacheren Patiencen wie Harfe, Hochzeitspaar oder der Abzähl-Patience üben, die in diesem Buch beschrieben sind.

Zwei Spiele zu je zweiundfünfzig Blatt werden gemischt und als acht Häufchen offen hingelegt, die je dreizehn Karten enthalten. Liegen zufällig Könige zuoberst, werden sie weggenommen und unter das Häufchen geschoben, auf dem sie lagen.

Jetzt nehmen Sie von jedem Häufchen die oberste Karte und legen sie offen mit Abstand über den Häufchen aus, sodass nun also eine neue Achterreihe entstanden ist. Diese Auslage sehen Sie in der ersten Grafik zu dieser Patience, die aber bereist fortgeschritten ist: Unter der Karo-Sechs der oberen Reihe liegt eine Karo-Dame. Zwei Könige lagen obenauf, nachdem wir unsere acht Häufchen zu je dreizehn Karten ausgelegt hatten. Sie wurden unter ihr Häufchen geschoben, wie in der Grafik zu sehen ist.

Was hat es mit der Karo-Dame auf sich? Genau hier beginnt die Kalkulation, der die Patience ihren Namen verdient.

Ziel ist es, am Ende dreizehn Häufchen auf dem Tisch zu haben, die allesamt mit einem König enden. Um das zu erreichen sollten Sie die Tabelle auf Seite 96 zu Rate ziehen. Es ist gar nicht so schwer.

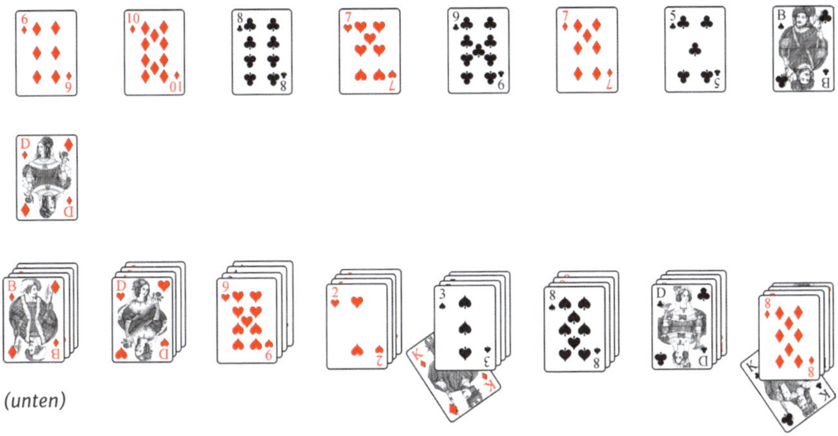

Die Kalkulation, Grafik I. Die Dreizehnerpäckchen sind nur angedeutet, in der Original-Auslage sind dies immer dreizehn Karten

Von den Dreizehnerpäckchen her werden die Zwischenräume belegt, die Sie unter der oberen Auslage von acht Karten frei gelassen haben. Unter jede Karte der oberen Reihe kommt eine obere Karte von einem der Dreizehnerpäckchen, die jeweils dem doppelten Wert der oberen Karte entspricht. Die Kartenwerte sind: Ass = 1, Zwei = 2, Drei = 3, ... Zehn = 10, Bube = 11, Dame = 12, König = 13. Unter die oben ausgelegte Karo-Sechs kam also eine Dame von einem der Dreizehnerhäufchen, denn ihr Wert ist 12, also das Doppelte von Sechs. Die Kartenfarben spielen dabei keine Rolle; wir hätten unter die Karo-Sechs also auch eine Kreuz-, Pik- oder Herz-Dame legen dürfen.

Wenn bei der Verdoppelung des Kartenwertes eine Summe herauskommt, die über 13 liegt – für die es also keine Karte gibt, weil die Kartenwerte ja nur von Ass (1) bis König (13) reichen – ziehen wir von diesem Wert 13 ab und legen **die** Karte an, die dem dadurch erreichten Wert entspricht. Für unsere als zweite Karte oben ausgelegte Zehn ergäbe das also: 10 + 10 = 20; 20 – 13 = 7. Unter die Zehn kommt also eine Sieben! Unsere nächste oben ausgelegte Karte ist eine Acht. 8 + 8 = 16; 16 – 13 = 3. Unter die Acht kommt also eine Drei, sofern eine auf einem unserer acht Dreizehnerpäckchen vorhanden ist. Und weiter: Sieben liegt da als nächste Karte aus. 7 + 7 = 14; 14 – 13 = 1. Unter die Sieben kommt also – falls vorhanden – ein Ass.

Werden durch Anbau von Karten der Dreizehnerpäckchen wieder Karten frei, die nun zuoberst liegen, dürfen sie selbstverständlich – wenn möglich – zum weiteren Bau verwendet werden; denn unser Ziel ist es ja, diese Päckchen allesamt aufzulösen. Frei werdende Könige werden stets sofort unter ihr Päckchen geschoben.

Immer wird der Wert der obersten Karte, also der Grundkarte, mit dem der zuletzt angelegten Karte addiert. Kommt dabei ein Wert unter 13 heraus, wird – wenn vorhanden – die entsprechende Karte angelegt; bei einem Wert über 13 werden 13 abgezogen, und die Karte wird angelegt, deren Wert der Zahl entspricht, die dabei herauskam.

Manchmal gibt es mehrere Möglichkeiten, zum Beispiel: Unter unserer Grundkarte Sechs liegt bereits die Dame, darunter eine Fünf, darunter ein Bube, denn 6 + 5 = 11, der Bube hat den Wert 11! Welche Karte käme nun unter den Buben? 6 + 11 = 17; 17 – 13 = 4. Auf unseren Dreizehnerpäckchen liegen aber vielleicht zwei Vieren.

Wir nehmen nun jene zum Anbau, unter der eine solche Karte erscheint, die wiederum hier oder dort zum Anbau verwendet werden kann. Liegt unter einer der Vieren aber ein König, so nehmen wir diese Vier weg, um den dadurch frei gewordenen König unter sein Päckchen zu schieben. Sie müssen die Könige immer unterschieben, sobald welche frei werden, denn sie sind ja die letzten Karten, die zum Schluss an den fertig gebauten Folgen liegen müssen. Taucht übrigens ein König auf, wenn wir unsere acht Karten in die obere Auslage als Grundkarten legen, wird auch er sofort unter sein Päckchen geschoben, und die nächste Karte, die dadurch frei geworden ist, wird oben in die Achterreihe gelegt.

Geht gar nichts mehr zu bauen, dürfen wir das links außen liegende Päckchen auflösen, indem wir die oberste Karte aufs zweite Päckchen legen, die nächste aufs dritte Päckchen und so fort. Bleiben dabei Karten übrig, weil dies Päckchen mehr als acht Karten enthält, werden diese restlichen Karten offen wieder zurückgelegt auf Platz eins links außen. Erscheinen bei der Auflösung Könige, kommen sie unter das Päckchen, das der Reihenfolge entspricht. Das heißt: Als dritte Karte des ersten Päckchens links außen erscheint vielleicht ein König. Er kommt nun nicht **auf** das vierte Päckchen, sondern **unter** dieses. Die nächste Karte, die frei wird bei Auflösung des Päckchens Nummer eins, kommt nun oben auf das Päckchen Nummer vier.

Sind wiederum alle Möglichkeiten erschöpft, dürfen – falls noch welche vorhanden – zuerst die auf Platz Nummer eins links außen zurückgelegten Karten verteilt werden, und danach darf auch das Päckchen Nummer zwei links außen so weit aufgelöst werden, bis alle Karten der Dreizehnerpäckchen neu besetzt sind. Übrig gebliebene Karten werden auf Platz Nummer zwei zurückgelegt.

Dann dürfen noch die restlichen Karten des Päckchens Nummer zwei verteilt werden. Das dritte Päckchen von links darf nicht mehr aufgelöst werden!

Wenn es nicht mehr weitergeht, dann dürfen Sie unter den oben ausgelegten Grundkarten Umbauten vornehmen. Die Grundkarten selbst aber müssen immer liegen bleiben.

Es kann natürlich vorkommen, dass Sie sich verrechnen. Dann kann Ihre Patience nicht aufgehen. Als Hilfestellung dient nun die Tabelle, die Sie am besten neben Ihr Bild legen.

Hier die Tabelle für die Kalkulation:					
Ass	Zwei	Drei	Vier	Fünf	Sechs
Zwei	Vier	Sechs	Acht	Zehn	Dame
Drei	Sechs	Neun	Dame	Zwei	Fünf
Vier	Acht	Dame	Drei	Sieben	Bube
Fünf	Zehn	Zwei	Sieben	Dame	Vier
Sechs	Dame	Fünf	Bube	Vier	Zehn
Sieben	Ass	Acht	Zwei	Neun	Drei
Acht	Drei	Bube	Sechs	Ass	Neun
Neun	Fünf	Ass	Zehn	Sechs	Zwei
Zehn	Sieben	Vier	Ass	Bube	Acht
Bube	Neun	Sieben	Fünf	Drei	Ass
Dame	Bube	Zehn	Neun	Acht	Sieben
König	König	König	König	König	König
Sieben	Acht	Neun	Zehn	Bube	Dame
Ass	Drei	Fünf	Sieben	Neun	Bube
Acht	Bube	Ass	Vier	Sieben	Zehn
Zwei	Sechs	Zehn	Ass	Fünf	Neun
Neun	Ass	Sechs	Bube	Drei	Acht
Drei	Neun	Zwei	Acht	Ass	Sieben
Zehn	Vier	Bube	Fünf	Dame	Sechs
Vier	Dame	Sieben	Zwei	Zehn	Fünf
Bube	Sieben	Drei	Dame	Acht	Vier
Fünf	Zwei	Dame	Neun	Sechs	Drei
Dame	Zehn	Acht	Sechs	Vier	Zwei
Sechs	Fünf	Vier	Drei	Zwei	Ass
König	König	König	König	König	König

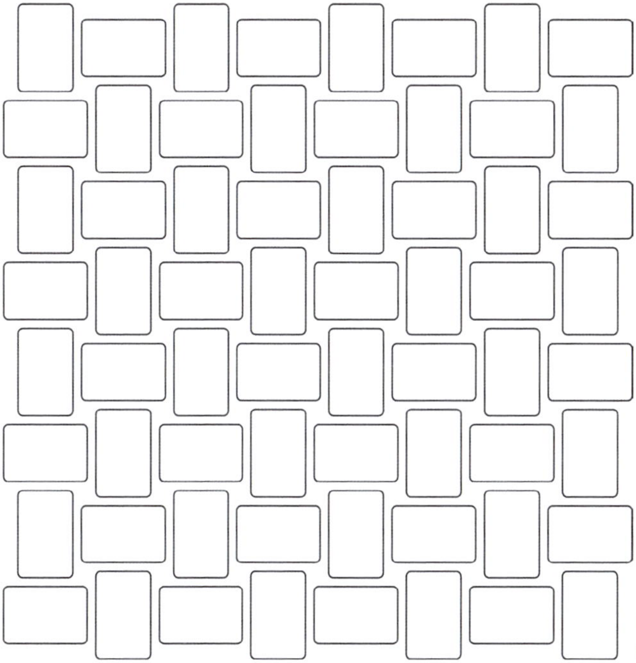

Die Kalkulation, Grafik II

Wert der Grundkarte + Wert der zuletzt angelegten Karte = Wert der als nächste anzulegenden Karte, oder ab dem zweitem Mal: Wert der Grundkarte + Wert der zuletzt angelegten Karte – 13 = Wert der nun anzulegenden Karte, dann ergibt sich die Tabelle.

Dabei ist es gleichgültig, ob in unserer oberen Auslage mehrere Grundkarten gleichen Wertes liegen. Auf unserem Bild erscheint zweimal eine Sieben. Also werden zwei Reihen mit den Grundkarten Sieben gebaut. Nur Könige müssen sofort wieder entfernt werden. Mit einem König darf keine Reihe beginnen, denn die Könige bilden ja allemal die letzte Karte unserer fertig gebauten Reihen!

Was bei der Grafik II unten noch übrig geblieben ist von den Dreizehnerpäckchen haben wir weggelassen. Wir zeigen Ihnen also nur, wie weit unsere Patience gediehen ist, nachdem Päckchen Nummer eins und zwei aufgelöst und auf die übrigen sechs Päckchen verteilt wurden. Danach schöpften Sie alle sich bietenden Möglichkeiten aus. Es bleibt uns nun also nur noch der Umbau der Auslage übrig, wie wir ihn oben beschrieben haben. Wenn wir dadurch immer wieder an Anschlusskarten der unten noch verbliebenen Restbestände der ursprünglichen Dreizehnerpäckchen gelangen, geht die Patience vielleicht auf. Wie bei allen schwierigen Patiencen benötigen Sie einige Geduld, denn je schwieriger, desto seltener geht sie auf. Es lohnt sich aber, es zu probieren, denn wenn Sie dann am Ende Erfolg haben, macht dies umso mehr Spaß!

Klondike

Spielerzahl: 1 Schwierigkeit: niedrig
Spieldauer: 5–10 Minuten Karten: 52 Patiencekarten

Klondike ist die weltweit wohl bekannteste Patience – wahrscheinlich weil ein häufig genutztes Computer-Betriebssystem diese Patience als Standard mitliefert. Es ist eigentlich keine sonderlich interessante Patience, wird hier aber der Vollständigkeit halber aufgeführt. Diese Patience wird mit einem einzelnen Kartenpäckchen gespielt. Ziel des Spiels ist es, alle Karten als echte Familien steigend auf die Basis anzuordnen. Dieses gelingt problemlos, wenn alle Karten mit der Vorderseite nach oben im Spielfeld liegen. Die Spielfolgen müssen fallend angeordnet werden, wobei sich immer schwarze und rote Karten abwechseln. Es können ganze oder Teile von Sequenzen verschoben werden, wenn die erste Karte auf eine andere Ablage passt.

Auf eine freie Ablage können Sie jeden beliebigen König legen oder auch jede Folge, die mit einem König startet.

Vom Talon wird eine Karte auf den Hilfsstapel gelegt, von wo aus sie auf die Ablagen oder die Basis verschoben werden kann. Ist der Talon leer, wird der Hilfsstapel zu einem neuen Talon.

Den Talon kann man zwar beliebig oft durchsehen, aber Sie werden schnell merken, dass Sie verloren haben, wenn sich keine Karte mehr findet und auch eine neue Runde im Talon daran nichts ändert.

Natürlich gibt es zu diesem Spiel auch Variationen. Hier die gebräuchlichste, gefunden in dem Standardwerk „Die große humboldt Enzyklopädie der Kartenspiele“ von Hugo Kastner: Statt einer werden jeweils drei Karten vom Talon umgedreht. Der Zufallsfaktor erhöht sich, die Patience erlaubt eine Chance von 1:8.

Kolosseum

Spielerzahl: 1 Schwierigkeit: mittel
Spieldauer: 5–10 Minuten Karten: 2 x 52 Patiencekarten

Aus einem Spiel zu zweiundfünfzig Blatt nehmen Sie die vier Asse heraus und legen sie nebeneinander offen in die Mitte Tisches. Über diese Asse legen Sie die beiden roten Könige, unter die Asse die beiden schwarzen Könige. Jetzt mischen Sie dieses dezimierte Kartenspiel mit einem vollständigen gut durch. Nun nehmen Sie den Talon und schauen immer jede **dritte** abgezogene Karte an. Ist sie anbaufähig, dann wird sie verwendet. Anbaufähig heißt: Auf die Asse bauen Sie steigende unechte Familien, immer rot-schwarz bzw. schwarz-rot im Wechsel. Auf die Könige aber bauen wir fallende Familien, ebenfalls rot-schwarz oder schwarz-rot im Wechsel. Ist so eine dritte Karte vom Talon ein König, wird er – falls rot – über die oben liegenden roten Könige gelegt. Ist er schwarz, kommt er unter einen der unten liegenden schwarzen Könige. An diese neu ausgelegten Könige dürfen Sie auch fallend rot-schwarz oder schwarz-rot bauen. Die vom Talon abgezogene erste und zweite Karte legen Sie offen als Ablagestapel unter das Bild. Die jeweils oberste darf zum Bau mitverwendet werden. Wenn Sie beim Bau einen Anschluss bekommen, dann dürfen Sie die steigenden Ass-Familien umbauen auf die fallenden Königsfamilien. Dadurch wird dann ein Platz für ein Ass frei, den Sie dann besetzen, wenn eine unserer jeweils dritten Karten vom Talon ein Ass ist (oder die oberste vom offenen Ablagestapel). Auch dieses Ass, durch das unsere Ass-Reihe wieder auf vier Asse ergänzt wurde, spielt nun mit.

Bauen Sie halbkreisförmig, damit am Ende oben und unten je zwei Halbkreise übereinander stehen, die mit einem König beginnen und mit einem Ass enden.

Die Karten des Talons müssen dann verbraucht sein, die Asse sämtlich vom Tisch, dann ist die Patience aufgegangen.

Der Talon darf höchstens viermal durchgespielt werden. Wenn der Talon kleiner wird, ergeben sich mehr Möglichkeiten. Die Grafik (gegenüber) zeigt die Spielsituation, wie sie sich bei unserem Beispiel nach dem ersten Talon-Durchlauf ergibt.

Wir haben hier einen Anschluss zur Karo-König-Reihe. Diese ist fortgeschritten bis zur Karo-Neun. Den Anschluss bildet die Pik-Acht der steigend gebauten Reihe, die mit dem Karo-Ass beginnt. Diese wird nun hübsch halbkreisförmig abgebaut auf die Karo-Neun. Eine gemischte Familie ist also komplett. Und einen Freiplatz für ein neu

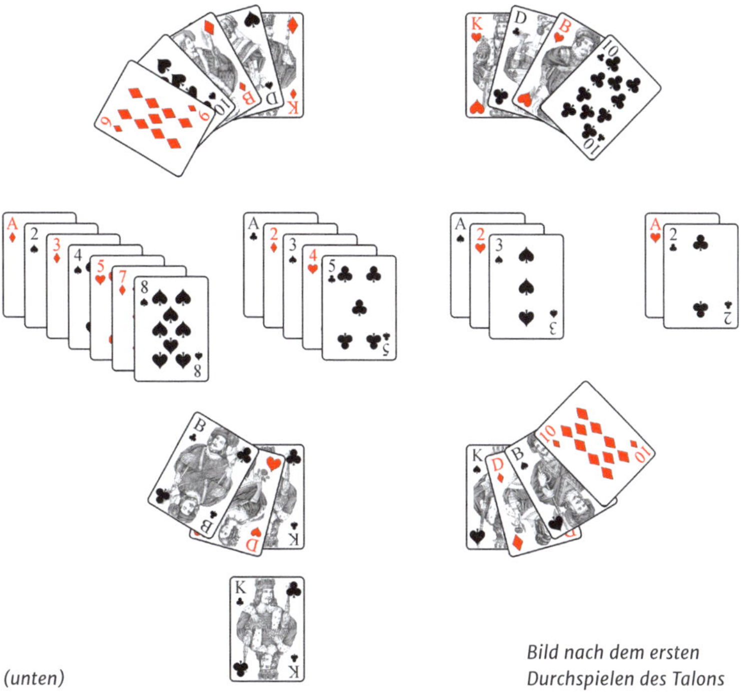

(unten)

Bild nach dem ersten Durchspielen des Talons

Das „Kolosseum"

auftauchendes Ass beim Durchspielen des Talons haben Sie auch gewonnen.

Fertig gebaute Halbkreise nehmen Sie am besten nicht aus dem Bild. So ist es übersichtlicher, und vor allem: Diese schließen sich zu zwei großen Doppelkreisen, die dann dem bekannten römischen Kolosseum sehr ähnlich sehen.

Königin, König und Kronprinz

Spielerzahl: 1 Schwierigkeit: niedrig
Spieldauer: 5–10 Minuten Karten: 52 Patiencekarten

Sortieren Sie die vier Damen, die vier Fünfen und die vier Sechsen aus einem Spiel zu zweiundfünfzig Blatt aus. Die vier Damen werden als oberste Reihe offen ausgelegt, darunter offen die vier Fünfen und darunter die vier Sechsen. Die restlichen vierzig Karten halten Sie verdeckt in der Hand. Das Ziel ist, auf die Fünfen in fallender Folge echte Familien zu bauen und auf die vier Sechsen in steigender Folge.

Durch entsprechenden Aufbau müssen auf der Herz-Fünf die Herz-Vier, die Herz-Drei, die Herz-Zwei, das Herz-Ass und der Herz-König liegen. Die Pik-Familie endet entsprechend mit dem Pik-König und so fort. Auf die Kreuz-Sechs kommt die Kreuz-Sieben, die Kreuz-Acht, die Kreuz-Neun, die Kreuz-Zehn und der Kreuz-Bube. Herz-, Karo- und Pik-Familien enden also mit Herz-, Karo- und Pik-Buben.

Die vier Damen spielen nicht mit. Sie vervollständigen das reizvolle Bild: **Königin, König** und **Kronprinz**.

Ziehen Sie nun Karte für Karte vom Talon ab und schauen Sie, ob Sie sie anlegen können. Nicht passende Karten werden offen übereinander nebenbei gelegt. Die jeweils oberste Karte des abgelegten Kartenstapels darf zum Anbau mitbenutzt werden. Beispiel: Haben Sie eine Kreuz-Zehn als unbrauchbar abgelegt, weil die Kreuz-Familie erst bis zur Kreuz-Acht gelegt ist, und drehen danach die Kreuz-Neun vom Talon um, dann darf zunächst die Kreuz-Neun an die Karo-Familie gelegt werden und dann die Karo-Zehn vom Ablagestapel.

Nachdem der Talon einmal durchgespielt worden ist, nehmen Sie die abgelegten Karten, mischen sie und legen sie wiederum aus. Dies dürfen Sie auch noch ein zweites Mal tun. Der Talon wird also dreimal durchgespielt. Dann aber müssen Königin, König und Kronprinz offen daliegen, als Schlusskarten ihrer Familien.

Je weniger Karten, desto größer die Anbauchancen. Beim dritten Durchspielen geht die Patience oft auf.

TIPP

Vergessen Sie bei dieser Patience nicht, nach Abziehen einer jeden Karte vom Talon auch die jeweils obenauf liegende Karte vom Ablagestapel auf ihre „Anbaufähigkeit" hin zu prüfen!

Königin von Italien

Spielerzahl: 1 Schwierigkeit: hoch
Spieldauer: 5–10 Minuten Karten: 2 x 52 Patiencekarten

Acht Grundkarten, elf Reservekarten, offen und geschuppt, sowie neun Hilfskarten, von denen zunächst nur vier offen liegen, bilden das Tableau.

Bei dieser Patience variieren die Grundkarten. Der Aufbau erfolgt jeweils in alternierenden Farben, was einige Übung voraussetzt. Außerdem steht eine geschuppte Reihe von Reservekarten zur Verfügung.

Das bringt eine große Möglichkeit an Variationen und verlangt zudem einige Planung, um die Reservekarten entsprechend ihrer ursprünglichen Auslage in die Grundkarten einzuarbeiten.

Alle Karten müssen auf die acht Grundkarten gespielt werden. Auf die Grundkarten wird farbalternierend aufgebaut, z. B. roter Bube auf schwarze Zehn. Die offene Karte einer Hilfsreihe darf auf eine andere Hilfskarte oder eine Grundkarte umgelegt werden.

Nicht mehr als eine Karte darf auf einmal umgeschichtet werden. Leerplätze werden vom Stoß oder vom Talon aufgefüllt.

Wählen Sie zuerst aus den vier offenen Hilfskarten eine Grundkarte.

Danach werden vom Talon die restlichen Hilfsplätze mit einer offenen Karte aufgefüllt.

Auf die Hilfskarten wird farbalternierend und absteigend gebaut. Der Talon wird nur einmal durchgespielt.

||| TIPP

Wichtig ist die Wahl der Grundkarte. Nur wenn Sie die Reserve aufbrauchen, können Sie diese Patience lösen.

Königskerze

Spielerzahl: 1 — Schwierigkeit: mittel

Spieldauer: 5–10 Minuten — Karten: 2 x 52 Patiencekarten

Diese Patience ergibt ein ganz anderes Bild als gewohnt, daher der Vergleich mit einer Kerze. Nehmen Sie alle acht Zweien heraus und legen Sie sie in einer senkrechten Reihe untereinander, und zwar immer rot-schwarz (schwarz-rot) im Wechsel. Dann mischen Sie die übrigen Karten gut durch, ziehen die dreißig obersten Karten vom verdeckten Talon ab und legen den restlichen Talon beiseite.

Mit diesen dreißig Karten beginnen Sie das Spiel. Erscheint dabei ein Ass, so wird es von links unter eine Zwei geschoben. Schwarzes Ass unter rote Zwei, rotes Ass unter schwarze Zwei. Dort, wo ein Ass untergeschoben wurde, legen wir nun links davon die nächste Karte aus, die wir von unseren dreißig Karten abziehen, ganz gleich, welchen Wert und welche Farbe sie hat. Auf diese Karte wird nun, immer nach links, fallend gebaut, auf Schwarz Rot, auf Rot Schwarz. Tauchen beim Abziehen des Dreißig-Karten-Talons passende Karten auf, die wir **steigend** rechts anlegen können, auf rote Zwei also schwarze Drei und so fort, so legen Sie sie sofort an. Erscheinen Karten, die fallend nach links angebaut werden können, so legen Sie auch diese an.

Die Plätze links neben den Zweien dürfen aber immer erst dann belegt werden, wenn durch ein untergeschobenes Ass hierfür ein „Freiplatz" entstand! Beim Anlegen betrachten wir auch stets die oberste offene Karte vom Ablagestapel. Sofern sie „anbaufähig" ist, wird sie sofort verwendet! Nachdem diese dreißig Karten alle abgezogen und angebaut bzw. abgelegt sind, wird der Ablagestapel eingenommen und **ungemischt** unter unseren Talon geschoben, der erst jetzt zum Einsatz kommt.

Vier Asse fehlen noch, sodass die Plätze links von den Zweien noch unbesetzt sind. Links vom Herz-Ass aber liegen Pik-Vier, Karo-Drei. Diese Drei ist eine „Anschlusskarte" zur Pik-Zwei rechts vom Herz-Ass. Wir dürfen also abbauen, nämlich Karo-Drei auf Pik-Zwei, Pik-Vier auf Karo-Drei. Dadurch ist der Platz links vom Herz-Ass wieder frei geworden. Er wird mit der obersten Karte besetzt, die wir vom verdeckten Talon abziehen. An diese darf nun wiederum fallend angelegt werden.

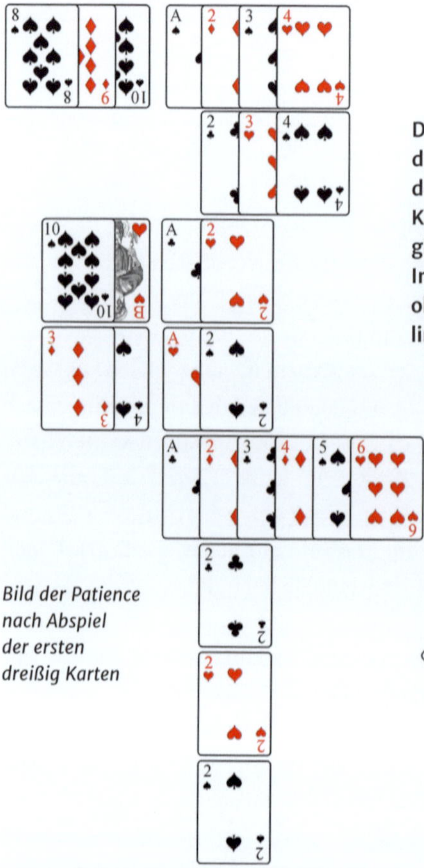

Die „Königskerze“: Die Grafik zeigt diese Patience nach dem Durchspiel der dreißig zuerst abgezählten Karten. Die abgebildete Auslage ging hier ganz auf.
In gleicher Kartenfolge, aber ohne Neubesetzung der Freiplätze links der Asse ging sie nicht auf.

Bild der Patience nach Abspiel der ersten dreißig Karten

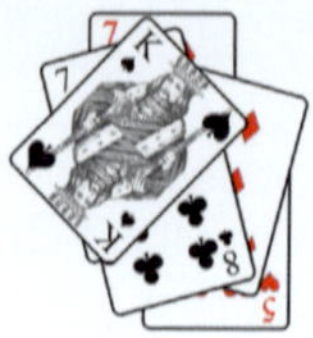

Ablagestapel, der nun ungemischt unter den Talon geschoben wird

Nun ziehen Sie Karte für Karte vom Talon ab, wobei die vier Asse auftauchen müssen, die noch fehlen. Sie werden links unter ihre Zweien geschoben, wieder schwarze Karten unter rote bzw. rote unter schwarze.

Der Talon darf nun nur noch einmal durchgespielt werden. Links dürfen keine Karten mehr liegen, rechts müssen die unechten Familien, Rot-Schwarz oder Schwarz-Rot im Wechsel, nun komplett sein. Sie müssen also allesamt mit einem König enden und mit einem Ass als unterster Karte.

TIPP

Damit die Patience aufgeht, müssen Sie darauf achten, den Ablagestapel der abgezogenen und zunächst unbrauchbaren Karten abzubauen. Hierfür müssen Sie immer erst die jeweils oben offen ausliegende Karte des Stapels prüfen, ob sie angelegt werden kann.

Haben Sie links von den Assen eine fallende Reihe so weit vorangebracht, dass sich ein Anschluss an die steigende ergibt, dann erhalten Sie durch Abbau wieder einen Freiplatz links vom Ass, der wiederum mit der obersten freiliegenden Karte vom Ablagestapel besetzt wird. Sollte der Ablagestapel aufgebraucht sein, kommt die oberste, vom Talon abgezogene Karte auf diesen Freiplatz.

Die Asse spielen bei dieser Patience eine wichtige Rolle: Kommen sie erst dann hervor, wenn der Talon fast aufgebraucht ist, dann geht die Patience kaum auf. Liegen die Asse aber einigermaßen günstig im Talon, geht die Patience aber sehr oft auf.

Königsspiel

Spielerzahl: 1 | Schwierigkeit: niedrig bis mittel
Spieldauer: 5–10 Minuten | Karten: 2 x 52 Patiencekarten

Diese Patience wird häufig gespielt, ist eine schöne Übung und ein königliches Vergnügen. Denn am Ende sehen Sie gleich vier Königen ins Auge!

So geht es los: Die vier Asse eines Patiencespieles werden als Grundkarten auf den Tisch gelegt, die übrigen 100 Karten werden dann gemischt. Neben den Assen ordnet man zwölf Hilfskarten. Nun kann der Talon durchgespielt werden, dabei wird auf die Grundkarten in aufsteigender Folge und gleicher Farbe, auf die Hilfskarten absteigend aufgespielt. Sobald es möglich ist, werden die Hilfskarten zum Aufspielen auf die Grundkarten verwendet; ein frei werdender Platz wird dann durch das oberste Blatt des Talons ersetzt. Die Patience ist aufgegangen, wenn alle vier Stämme mit den Königen abschließen, nachdem der Talon nur einmal durchgespielt wurde.

Launische Damen

Spielerzahl: 1 Schwierigkeit: mittel
Spieldauer: 10 – 20 Minuten Karten: 2 x 52 Patiencekarten

Bei dieser Patience geht es um acht farbechte Familien, jeweils mit dem König beginnend und mit der Dame endend.

Zwei Spiele zu je zweiundfünfzig Blatt werden zusammengelegt und gemischt. Acht Karten werden vom Talon gezogen und in zwei Viererreihen offen ausgelegt.

Die obersten zweiunddreißig Karten vom Talon werden verdeckt als Hilfsstapel unten links neben das Bild gelegt. Die übrigen Karten halten Sie als Talon in der Hand.

Befinden sich in der Auslage bereits Damen, so werden sie sofort wieder eingenommen, beliebig irgendwohin in den Talon zurückgesteckt und durch neue Karten vom Talon auf dem Freiplatz ersetzt. Eine Dame wird sofort wieder in den Talon zurückgesteckt. Könige werden immer sofort herausgenommen und halbkreisförmig über das Bild gelegt. Sie sind die Grundlage unserer acht farbechten Familien.

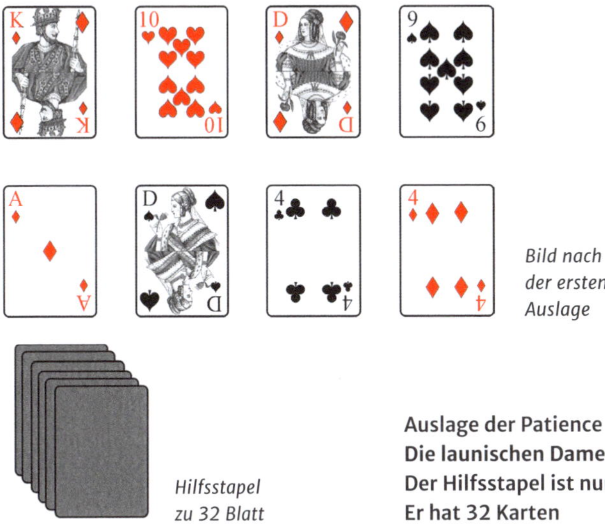

Auslage der Patience
Die launischen Damen:
Der Hilfsstapel ist nur angedeutet.
Er hat 32 Karten

Der Talon darf nur einmal abgespielt werden, deshalb sollte anfangs jede Möglichkeit zum Bau genutzt werden. Das ist in der Grafik der Fall. Der Karo-König wird herausgelegt, auf ihn kommt das Karo-Ass. Die beiden Damen wandern zurück in den Talon und werden durch zwei neue vom Talon ersetzt. Die beiden Freiplätze, durch Wegnahme von König und Ass entstanden, werden aber vom **Hilfsstapel** besetzt!

Jetzt prüfen Sie, ob sich neue Möglichkeiten ergeben. Auf die Karten des ausgelegten Bildes werden echte Familien **fallend** gebaut, und zwar entweder die vom Talon abgezogene Karte, oder – falls passend – die oberste vom offen abgelegten Ablagestapel.

Geht nichts mehr, ziehen wir Karte für Karte vom Talon ab und prüfen, ob sie irgendwo passt. Falls sich dadurch im Bild Freiplätze ergeben, werden diese stets vom **Hilfsstapel** besetzt. Werden beim Abspielen des Hilfsstapels Damen frei, so kommen sie auf den freien Platz im Bild.

Ziehen Sie nach Auslage einer Dame fünf weitere Karten vom verdeckten Hilfsstapel und stecken Sie sie unter den Talon. Erscheint eine Dame, so wird sie – falls möglich – an- oder aufgebaut, sonst aber kommt sie offen auf den Ablagestapel.

Stets werden für so eine Dame vom Talon die drei untersten Karten vom Ablagestapel vorgezogen und verdeckt unter unseren Talon geschoben. Ist nun die allererste, vom Talon abgezogene Karte eine Dame, kommt sie gleich wieder zurück, und zwar als letzte unter unseren Talon. Liegen erst zwei Karten im Ablagestapel, ist die vom Talon gezogene Dame also die dritte, so wird sie mitsamt den beiden schon im Ablagestapel liegenden Karten eingenommen und unter den Talon geschoben.

Das ist der Fall, wenn der Hilfsstapel fast aufgelöst ist, sodass in ihm eine Dame als vorletzte oder gar letzte Karte erscheint. Für sie kann man nun also keine fünf Karten mehr wegnehmen, sondern nur noch zwei oder gar nur noch die Dame.

Die Damen treiben das Spiel voran.

Ist am Ende auch der Talon aufgebraucht, bleiben also nur noch Karten im Ablagestapel übrig, muss dieser sich nun abspielen lassen, bis unsere acht echten Familien – König, Ass, Zwei, Drei ... Zehn, Bube, Dame – komplett sind. Gelingt dies nicht, ist unsere Patience leider gescheitert.

Die Grafik (gegenüber) zeigt den Spielstand, wie er sich bei uns nach Abspiel des Hilfsstapels ergibt.

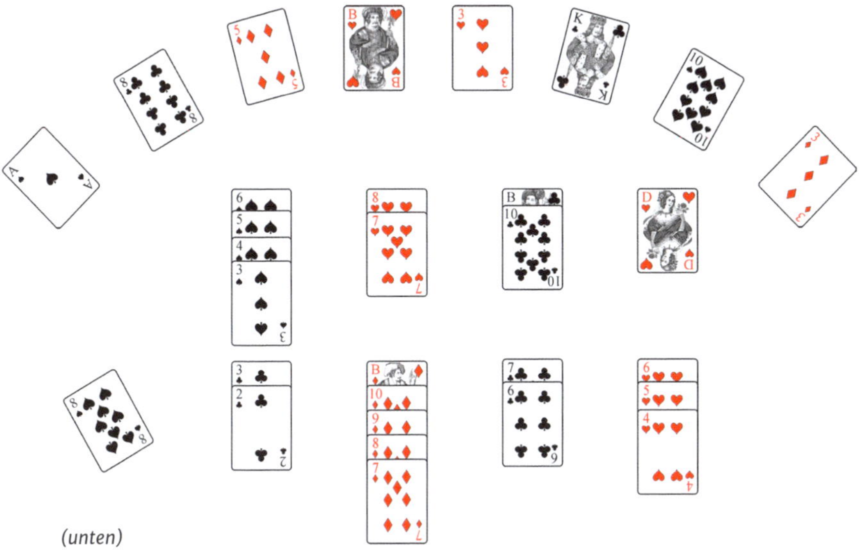

(unten)

Die „launischen Damen“: Der Hilfsstapel ist abgespielt

Lässt sich noch etwas anbauen? Ja! Herz-Vier, Herz-Fünf und Herz-Sechs (fallende Folge) werden hinübergebaut und auf ihre Herz-Familie, die bis zur Herz-Drei reicht. Auf den dadurch entstandenen Freiplatz kommt nun die Pik-Acht vom Ablagestapel. Vielleicht wird dadurch wieder eine – nunmehr oben liegende – Karte frei, die verwendbar ist. Nehmen wir an, sie sei das Kreuz-Ass. Das kommt nun auf unseren Kreuz-König, darauf Kreuz-Zwei und Kreuz-Drei aus unserem Bild.

Einige Damen befinden sich noch im Talon oder im Ablagestapel. Sofern sie im Talon auftauchen, werden für sie sogleich drei Karten unter dem Ablagestapel weggezogen und unter den Talon geschoben. Der Ablagestapel wird kleiner. Das ist gut, denn wir wollen ihn ja auflösen.

Sie sehen: Mit den Damen geht es voran, sofern sie nicht „launisch“ sind und sich verstecken!

Max und Moritz

Spielerzahl: 2 Schwierigkeit: niedrig
Spieldauer: 5–10 Minuten Karten: 2 x 52 Patiencekarten

Diese einfach zu spielende Patience für zwei Spieler ist **Hänsel und Gretel** sehr ähnlich, das in diesem Buch auf Seite 84 beschrieben wird.

Jeder Spieler hat ein gemischtes Spiel zu zweiundfünfzig Blatt und legt von seinen Karten eine Reihe zu zwölf Karten offen aus. Die vierzig pro Spieler übrig gebliebenen Karten werden beiseitegelegt. Zuvor wird noch ermittelt, wer anfängt: Der Talon wird umgedreht; der Spieler, der die höchste Karte hat, fängt an. Bei gleichen Karten entscheidet die Farbe in der Farbfolge Kreuz, Pik, Herz und als niedrigste Farbe Karo.

Der Sieger (Max) prüft nun seine Auslage und die des Gegenübers, ob sich zwei Karten gleichen Wertes und gleicher Farbe darunter befinden. Diese beiden Karten legt er beiseite. Die dadurch entstandenen Freiplätze werden neu besetzt, und zwar besetzt jeder die Freiplätze in **seiner** Reihe von **seinem** Talon. Nach Wegnahme eines jeden Pärchens (oder deren mehrerer, wenn möglich) und nach Auffüllen der entstandenen Lücken ist nun Moritz an der Reihe. So geht es weiter, immer im Wechsel, bis auch nach Auffüllen der entstandenen Lücken nichts mehr geht. Dann darf jeder Spieler von seinem Talon eine dreizehnte Karte anlegen.

Ergeben sich dadurch wieder Möglichkeiten, wird wie oben weitergespielt. Da Freiplätze ja immer gleich vom Talon neu besetzt werden, kann das Spiel nun mit dreizehn Karten noch lange weitergehen. Eine vierzehnte Karte aber darf nicht mehr angelegt werden.

Geht also bei Dreizehnerreihen nichts mehr und sind im Talon auch noch Karten, ist die Patience gescheitert.

Ein Sieger wird trotzdem bestimmt. Es ist jener, der die meisten gleichwertigen und gleichfarbigen Pärchen bei sich vereint hat.

Neunerspiel

Spielerzahl: 1 Schwierigkeit: einfach
Spieldauer: 5–10 Minuten Karten: 52 Patiencekarten

Wenn sie mit einer Patience ein schnelles Erfolgserlebnis suchen, dann sind Sie hier richtig. Diese Patience ist dabei sehr reizvoll, obwohl sie einen Erfolg beinahe garantiert. Es spielt sich alles auf einem Bild aus 3x3 Feldern ab.

Das Ziel: Auf einer Grundkarte werden alle vier unechten Kartenfolgen von Ass bis König aufgebaut.

Ein 3×3-Raster sowie eine Grundkarte und der Talon bilden das Gesamttableau.

Es darf auf- oder absteigend umgelegt werden, ohne Rücksicht auf die Farbe, so kann z. B. eine Zehn auf einer Neun oder einem Buben zu liegen kommen. Nur horizontal und vertikal dürfen Karten verschoben werden. Ein Leerplatz darf nur mit einer Einzelkarte belegt werden.

Sobald zwei Plätze im Tableau leer sind, wird der zuletzt geräumte durch eine Karte aus dem Talon aufgefüllt.

Perserbrücke

Spielerzahl: 1 Schwierigkeit: sehr hoch
Spieldauer: 5–10 Minuten Karten: 52 Patiencekarten

Diese Patience ist ein echtes Geduldsspiel, denn sie geht nur sehr selten auf. Gerade das macht sie so reizvoll, denn nicht wenige Spieler haben den Ehrgeiz, es doch noch irgendwann zu schaffen. Denn es ist möglich. Theoretisch.

Aber der Reihe nach: Ziehen Sie von einem gut gemischten Spiel zu zweiundfünfzig Blatt sechzehn Karten ab, die Sie offen in vier Viererreihen auslegen. Den restlichen Talon legen Sie beiseite und prüfen das Bild.

Es kommt bei der „Perserbrücke" darauf an, diejenigen Kartenpaare aus dem Bild zu nehmen, die wertmäßig zusammen jeweils 14 ergeben (Ass = 1, ... usw. bis Dame = 12, König = 13). Die zusammen 14 ergebenden Kartenpaare müssen entweder gemeinsam in einer senkrechten Reihe liegen oder in einer waagerechten. Ob andere Karten dazwischen liegen, spielt jedoch keine Rolle.

Schauen Sie sich die linke Hälfte der Grafik an und überlegen Sie selbst, in welcher senkrechten oder waagerechten Reihe jeweils zwei Karten in dieser Perserbrücke die Summe 14 ergeben.

Das sollten Sie gefunden haben: In einer Senkrechten liegen Ass (1) und König (13), die herausgenommen werden. In einer Waagerechten liegen Sieben und Sieben, die auch herausgenommen werden. In der Senkrechten links außen liegen Zehn und Vier. Auch sie werden weggelegt. Schließlich finden wir in der zweiten Waagerechten von oben noch Neun und Fünf. Nachdem wir auch diese beiden Karten weggelegt

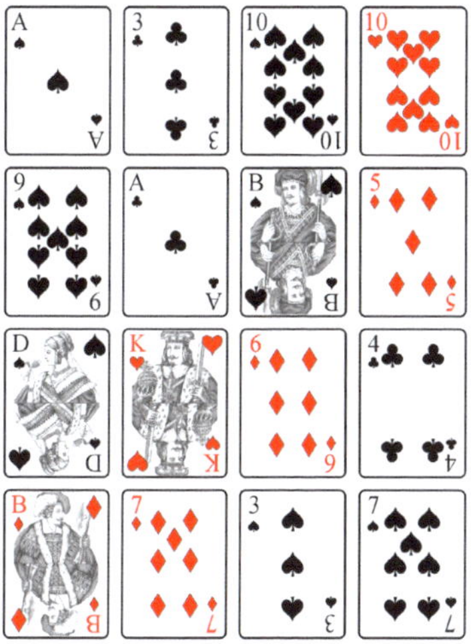

erste Auslage

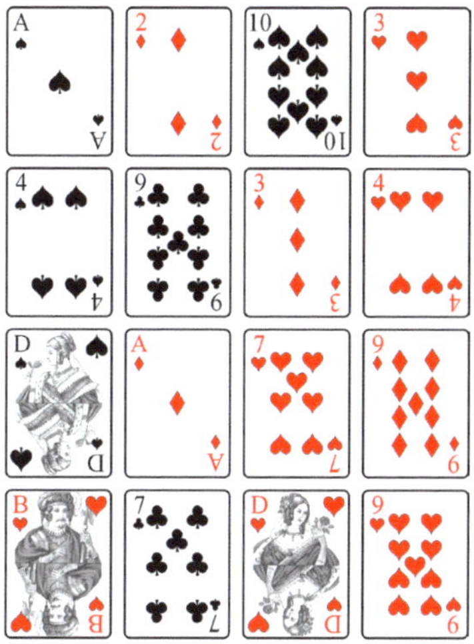

Auslage ohne weitere Möglichkeiten

Die „Perserbrücke"

haben, geht nichts mehr. Die herausgenommenen Kartenpaare spielen nicht mehr mit; sie werden beiseitegelegt. Jetzt werden alle Lücken vom Talon von links nach rechts und von oben nach unten wieder aufgefüllt. Wieder prüfen wir die Senkrechten und Waagerechten daraufhin, ob sich Paare finden, die zusammen 14 ergeben. So geht es weiter, bis wirklich nichts mehr geht. Dies sehen wir in der rechten Hälfte der Grafik.

Sie dürfen nun jede Karte des Bildes mit einer neuen vom Talon besetzen. Dadurch ergeben sich vielleicht neue Möglichkeiten. Und so dürfen Sie fortfahren, bis der Talon aufgebraucht ist. Durch Wegnahme überdeckter Karten spielen die darunter frei gewordenen Karten der **Perserbrücke** wieder mit. Unsere Patience ist aufgegangen, wenn alle Karten als sechsundzwanzig Pärchen im „Abseits" liegen.

Poker Squares

Spielerzahl: 2–4 Schwierigkeit: mittel
Spieldauer: 5–10 Minuten Karten: max. 4 x 52 Patiencekarten

Diese schöne Kombination aus Standard-Pokerhänden und dem Legeprinzip der Patiencen ist sehr beliebt. Vermutlich, weil Pokern sich in den letzten Jahren einer großen Beliebtheit erfreut und zahlreiche Variationen die Runde machen. Sie müssen hier versuchen, einzelne Karten zu möglichst hohen Pokerkombinationen abzulegen. Jeder Spieler erhält ein Päckchen Karten, maximal sind bei vier Spielern also 208 Karten im Spiel.

Das Ziel: Jeder Spieler versucht, sein eigenes **Poker square** mit möglichst vielen Punkten (siehe Tabelle unten) auszulegen. Das ist ein Quadrat aus 25 Feldern, in das Karten nach dem Zufallsprinzip gelegt werden müssen. Nacheinander wird von jedem der Spieler aus seinem Päckchen eine Karte nach der anderen gezogen, und jeder baut sein eigenes Quadrat auf. Es wird waagerecht **und** senkrecht gewertet. Jede Reihe und Spalte wird gesondert nach dem amerikanischen Schema gewertet:

Royal flush:	100
Straight flush:	75
Vierer:	50
Straight:	15
Full house:	25
Dreier:	10
Flush:	20
Zwei Paare:	5
Ein Paar:	2

Diese Patience können Sie auch alleine spielen, indem Sie versuchen die „Messlatte“ von 200 Punkten zu schaffen.

Posten

Spielerzahl: 1 Schwierigkeit: mittel
Spieldauer: 5–10 Minuten Karten: 52 Patiencekarten

Das Ziel dieser Variation der Räuber-Patience: Vier echte Familien werden steigend auf den Grundkarten gebaut. Es wird genauso gespielt, wie bei „Die Räuber kommen", das in diesem Buch beschrieben ist (Seite 52). Die vier Grund- oder Bestimmungskarten, die zuerst ausgelegt werden, sind die „Posten".

Geht nichts mehr, darf eine weitere Hilfsreihe ausgelegt werden, diesmal aber nur eine mit **vier** Karten. Gelingt es Ihnen nun, wenigstens eine echte Familie zu vollenden, dürfen Sie nochmals vier Karten als Hilfsreihe auslegen. Jetzt aber muss die Patience aufgehen, und Hilfsreihen und Talon müssen sich abspielen lassen, ohne dass die Patience ins Stocken gerät. Zu beachten ist, dass Freiplätze in den Hilfsreihen, die durch Anbau einer Karte an eine der steigenden Familien entstehen oder aber durch Abbau einer ganzen Folge von Hilfsreihen auf echte steigende Familien, immer sofort vom Talon her neu besetzt werden dürfen.

Pounce

Spielerzahl: 2–7 Schwierigkeit: mittel
Spieldauer: 10–15 Minuten Karten: max. 7 x 52 Patiencekarten

Diese Variante von **Canfield**, das Sie in diesem Buch beschrieben finden, kann mit bis zu sieben Spielern gespielt werden und ist sehr turbulent. Gerade das Gegenteil einer ruhigen, geduldigen Patience, wie wir sie bisher kennen.

So geht es: Jeder Spieler bekommt sein eigenes Kartenspiel mit zweiundfünfzig Karten. Diese Kartenspiele sollten aber unterschiedlich sein, z. B. von verschiedenen Herstellern, damit man sie auseinanderhalten kann. Die Asse werden in die Mitte des Tisches gelegt und bilden die gemeinsamen Grundkarten. Alle anderen Regeln folgen **Canfield**.

Gewinner ist derjenige, der als Erster seinen Talon ausgelegt hat. Es gibt keine Reihenfolge, etwa nacheinander im Uhrzeigersinn, sondern es wird kreuz und quer gespielt. Natürlich kommt es zu Streitfällen, die Sie freundschaftlich regeln sollten. Womöglich bestimmen Sie ja einen Schiedsrichter. Gerade das turbulente Element macht das Spiel in netter Runde interessant.

Pyramide

Spielerzahl: 1 — Schwierigkeit: mittel
Spieldauer: 5–10 Minuten — Karten: 52 Patiencekarten

15 Karten eines Patiencespieles werden in Pyramidenform aufgelegt. Von diesen wählt man sich die Grundkarte bzw. Karten möglichst so, dass gleich mehrere Blätter aus der Figur entfernt werden können. Auf den Grundkarten wird in gleicher Farbe und aufsteigender Folge aufgespielt. Die im Bild entstandenen Lücken werden durch die jeweils oberste Karte des Talons ersetzt, der aber nur einmal durchgenommen werden darf. Zum Schluss sollen die vier Farben in vier Päckchen vereinigt werden.

Quadrat

Spielerzahl: 1 — Schwierigkeit: niedrig
Spieldauer: 5–10 Minuten — Karten: 52 Patiencekarten

Das Quadrat hat seinen schlichten Namen, weil vier Karten in Quadratform ausgelegt werden. Finden sich dabei zwei von gleicher Farbe (zwei Herzblätter, zwei Pikblätter usw.), so dürfen diese von zwei neuen Karten bedeckt werden. Können alle Blätter des Spieles verteilt werden, bevor vier Karten verschiedener Farbe (Kreuz, Pik, Herz, Karo) als Deckblätter erscheinen, so ist die Patience aufgegangen. Diese Patience ist für Anfänger und auch für Kinder sehr gut geeignet, die auf diese Weise ein Gefühl für die Karten bekommen.

Rachel

Spielerzahl: 1 Schwierigkeit: mittel
Spieldauer: 5–10 Minuten Karten: 52 Patiencekarten

Rachel ist der Name eines Berges in Bayern mit zwei Gipfeln, den es mit diesem Spiel symbolisch zu erklimmen gilt. Diese Patience ist sehr gut geeignet als eine Art Gedächtnistraining, denn nur wenn man sich gefallene Karten gut merken kann, dann sind die Erfolgsaussichten gut. Es werden zunächst nur sechs offene Hilfskarten ausgelegt. Daneben gibt es einen Talon, einen Stoß und eine Ablage für vollständige Familien. Alle Karten müssen im Hilfstableau absteigend vom König zu farbechten Sequenzen ausgebaut werden. Vollständige Sequenzen werden in die Ablage gelegt.

Bauen Sie beliebige absteigende Folgen. Eine ganze Kartenfolge oder Teile davon können in eine andere Hilfsreihe umgeschichtet werden. Asse bleiben frei, Könige können nur auf freie Felder gebracht werden. Frei werdende Plätze dürfen mit beliebigen Karten oder Sequenzen belegt werden. Vollständige Familien kommen dann auf den Ablagestapel.

Durch die Regel des Umschichtens ganzer Kartenreihen kombiniert mit dem einzelnen Aufdecken von Karten ergeben sich zahlreiche Variationsmöglichkeiten.

> **||| TIPP**
> Sie sollten versuchen, auch in den Hilfsreihen möglichst farbechte Folgen zu bilden.

Rangierbahnhof

Spielerzahl: 1 Schwierigkeit: mittel
Spieldauer: 5–10 Minuten Karten: 52 Patiencekarten

Diese Patience wird oft mit dem königlichen Schachspiel verglichen. Bei beiden muss vorausgeplant und gründlich erwogen werden, ehe ein „Zug" gemacht wird.

Die Spielregeln sind einfach. Sie legen ein gut gemischtes Spiel zu zweiundfünfzig Karten in vier Reihen zu je dreizehn Karten offen aus. Sie müssen nun derart rangieren, sowohl waagerecht als auch senkrecht, dass am Ende vier Reihen mit je vier echten Familien ausliegen, die mit dem Ass beginnen und dem König enden.

So rangieren Sie: Die Asse werden herausgenommen und jeweils vor eine Reihe gelegt. Dadurch entstehen Freiplätze, an die angelegt werden darf. Hinter die Könige kann man natürlich nichts anlegen, denn – wir erinnern uns – die Familien beginnen mit Ass und enden mit König!

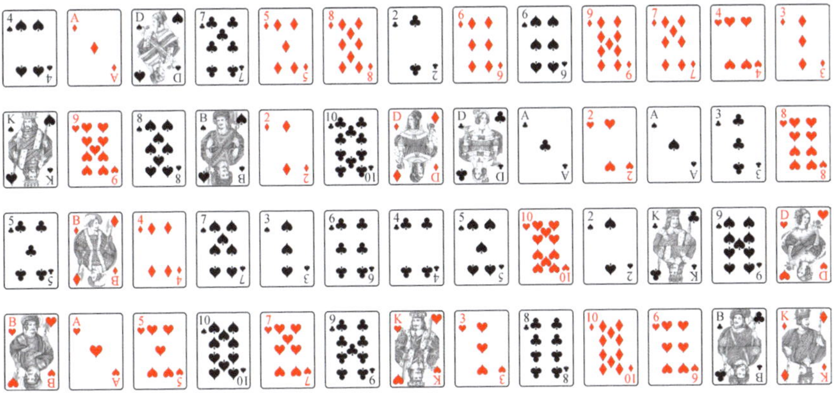

(unten)

„Rangierbahnhof", erste Auslage

Sind alle Möglichkeiten erschöpft, dann werden die Karten wieder eingenommen. Angefangene Reihen bleiben liegen. Haben Sie also beispielsweise in Reihe eins Pik-Ass, Pik-Zwei und Pik-Drei, in Reihe zwei Kreuz-Ass, Kreuz-Zwei, Kreuz-Drei und Kreuz-Vier und so fort, so bleiben diese liegen.

Die eingenommenen Karten werden gemischt und wieder ausgelegt. Diesmal so, dass Sie hinter der letzten Karte der Reihen jeweils einen Freiplatz lassen, z.B.: Karo-Ass, Karo-Zwei, Karo-Drei, Karo-Vier – Freiplatz – weiter anlegen. Die Reihen verlängern sich durch den Freiplatz also um eine Kartenbreite; in jeder Reihe haben wir, einschließlich Freiplatz, vierzehn Plätze.

Nun wird wieder rangiert, bis nichts mehr geht, also nur noch Sperrplätze hinter Königen vorhanden sind.

Wieder werden die Karten, soweit sie nicht zu richtig gebauten Familien gehören, eingenommen, gemischt und ein drittes Mal ausgelegt. Bei der dritten Auslage muss die Patience aufgehen, sonst ist sie gescheitert.

Sehen Sie sich die Grafik auf Seite 121 genau an und folgen Sie dem weiteren Spielverlauf: Herz-Ass kommt vor Reihe vier. Herz-Dame wird an Herz-Bube gelegt, Pik-Zehn an Pik-Neun, Herz-Sechs an Herz-Fünf, Karo-Bube an Karo-Zehn, Kreuz-Sechs an Kreuz-Fünf, Pik-Vier an Pik-Drei. Dann wird Karo-Ass vor Reihe eins gelegt. Karo-Zwei kann an Karo-Ass, Pik-Dame an den Buben, Karo-Drei an die Zwei und Karo-Vier an die Drei. Weiter geht es mit Kreuz-Sieben an Kreuz-Sechs, Karo-Fünf an Karo-Vier, Herz-Fünf an Herz-Vier, Herz-König an seine Dame. Kreuz-Zehn kommt an Kreuz-Neun, Pik-König an Pik-Dame. Nun kann Kreuz-Ass vor Reihe drei. Kreuz-König wird an Kreuz-Dame gelegt, Pik-Drei an Pik-Zwei, Pik-Acht an Pik-Sieben, Herz-Zehn an Herz-Neun, Pik-Sechs an Pik-Fünf, Karo-Sechs an Karo-Fünf. Pik-Ass muss jetzt vor Reihe zwei. Pik-Zwei kann an das Ass, Pik-Sieben an Sechs, Kreuz-Acht an Sieben, Herz-Vier an Drei, Karo-Acht an Sieben. Die beiden noch möglichen Züge sind sinnlos.

Am Ende der ersten Auslage liegen also Karo-Ass bis Sieben, Pik-Ass und Zwei, Kreuz-Ass und Herz-Ass. Die übrigen Karten werden erneut gemischt und ausgelegt.

Weiter geht es mit unserer Grafik der zweiten Auslage (gegenüber). Folgen Sie wieder dem Spielverlauf: Karo-Acht liegt besonders günstig und wird gleich an Karo-Sieben gelegt. Nun kann Pik-Drei an Pik-Zwei und Pik-Vier an Pik-Drei. Herz-Bube kommt an Herz-Zehn, Herz-Acht an Herz-Sieben, Kreuz-König an seine Dame, Kreuz-Neun an Acht, Herz-Sechs an Fünf, Kreuz-Acht an Sieben.

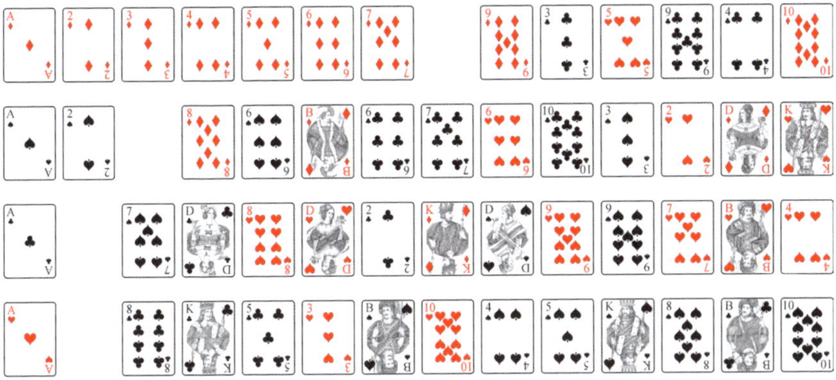

(unten)

„Rangierbahnhof", zweite Auslage

Nun wird senkrecht rangiert, und zwar werden die Reihen drei und vier gegeneinander ausgetauscht; hier also nur das Herz-Ass und das Kreuz-Ass. Weiter geht es mit Kreuz-Zwei an Ass und Kreuz-Drei an Zwei. Karo-Zehn an Karo-Neun, Kreuz-Fünf an Kreuz-Vier, Kreuz-Zehn an Neun, Kreuz-Neun an Acht, Kreuz-Zehn an Neun, Kreuz-Vier an Drei, Kreuz-Fünf an Vier, Herz-Sieben an Sechs. Herz-Zwei wird an das Ass gelegt, Pik-Zehn an Neun, Kreuz-Bube an Zehn, Herz-Acht an Sieben, Pik-Bube an Zehn, Pik-Neun an Acht, Herz-Zehn an Neun, Herz-Vier an Drei, Herz-Fünf an Vier, Karo-Bube an Zehn, Pik-Sieben an Sechs, Herz-Drei an Zwei, Kreuz-Sechs an Fünf, Pik-Zehn an Neun, Herz-Bube an Zehn, Herz-Sechs an Fünf, Karo-Dame an Bube, Kreuz-Dame an Bube, Herz-Vier an Drei, Kreuz-Sieben an Sechs, Herz-König an Dame, Kreuz-König an Dame, Herz-Fünf an Vier, Kreuz-Acht an Sieben. Nun geht nichts mehr.

Am Ende der zweiten Auslage liegen Karo-Ass bis Dame, Pik-Ass bis Vier, Herz-Ass bis Fünf, Kreuz-Ass bis Acht.

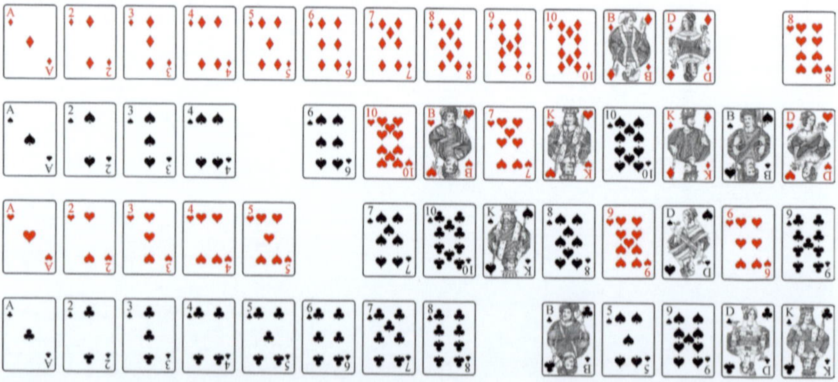

(unten)

„Rangierbahnhof", dritte Auslage

Weiter geht es mit der dritten Auslage (oben). Verfolgen Sie den weiteren Spielverlauf unseres Rangierbahnhofs: Karo-König wird an die Karo-Dame gelegt, damit ist die Karo-Familie vollständig. Nun kann Pik-Bube an die Zehn und Pik-Dame an den Buben. Herz-Zehn kommt an Neun, Pik-Fünf an Vier, Pik-Sieben an Sechs, Herz-Sechs an Fünf, Herz-Sieben an Sechs, Herz-Dame an Bube, Pik-König an Dame, Kreuz-Neun an Acht, Kreuz-Bube an Zehn, Kreuz-Zehn an Neun, Kreuz-Bube an Zehn, Herz-Acht an Sieben, Herz-Bube an Zehn, Pik-Acht an Sieben, Herz-Neun an Acht, Herz-Zehn an Neun, Herz-Bube an Zehn, Herz-Dame an Bube, Pik-Neun an Acht, Herz-König an Dame, Pik-Zehn an Neun. Nun müssen nur noch Pik-Bube, Dame und König an die Zehn angelegt werden und Kreuz-Dame und König an den Kreuz-Buben. Damit ist die Patience aufgegangen.

TIPP

Achten Sie besonders beim dritten und letzten Spiel darauf, dass auch senkrecht rangiert werden darf. Durch geschicktes Agieren lässt sich da viel erreichen.

Der Rangierbahnhof ist eine schwierige Patience. Haben Sie das System aber einmal verstanden, dann werden Sie oft und mit viel Freude diese Patience legen!

Rom ist nah

Spielerzahl: 2 Schwierigkeit: mittel
Spieldauer: 45 – 60 Minuten Karten: 52 Patiencekarten

Diese Patience hat erstmals die großartige Autorin Irmgard Wolter beschrieben, die schon in den sechziger Jahren Bücher über Patiencen publiziert hat. Eine ihrer Großtanten hat die Patience erfunden. Ihr fiel auf, dass zwei Familien eines Patiencespiels immer zusammen gerade so viele Karten enthalten, wie das Alphabet Buchstaben hat, nämlich sechsundzwanzig. So entwickelte sie eine ganz besondere Patience.

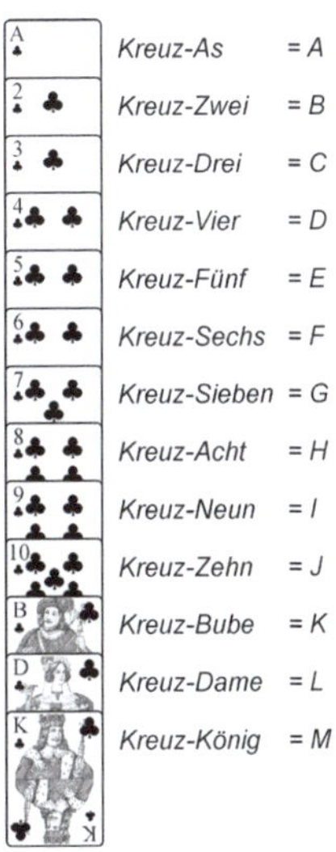

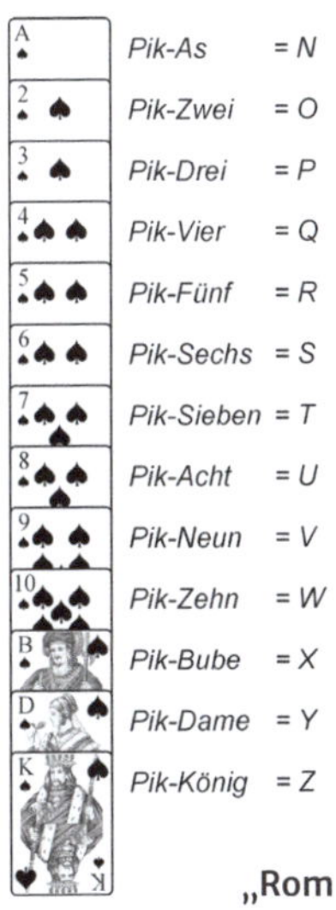

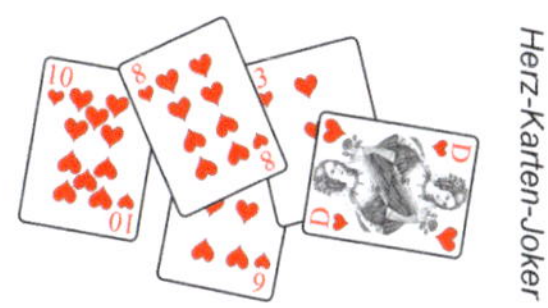

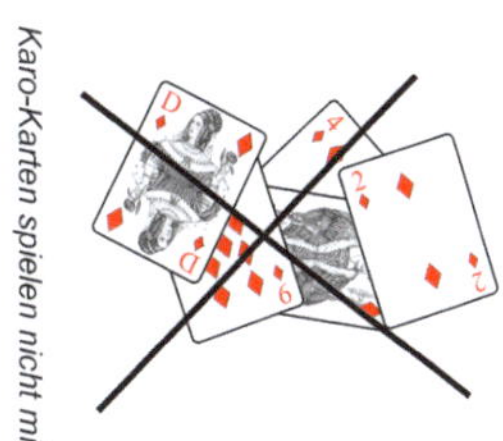

„Rom ist nah“: das Alphabet in Pik und Kreuz

Schauen Sie bitte auf die Grafik (Seite 125): Aus den Familien von Kreuz und Pik wird das komplettes Alphabet übersetzt.

Aus dem Kartenspiel mit zweiundfünfzig Karten wird die Karo-Familie aussortiert und weggelegt. Wichtig: Alle Herz-Karten sind Joker! Sie dürfen als beliebige Buchstaben gelegt werden. Wir haben also deutlich mehr Joker als zum Beispiel bei dem verwandten Scrabble. Die neununddreißig Kreuz-, Pik- und Herzkarten werden gemischt und an zwei Spieler verteilt. Wer austeilt, bekommt eine Karte weniger als der andere.

Zunächst spielt jeder für sich allein. Entweder werden ganze Sätze ausgelegt wie „Rom ist nah“ oder (nach den Scrabble-Regeln) Hauptwörter, Eigenschaftswörter und Zeitwörter. Anfangs muss man immer auf die Tabelle schauen, und es dauert etwas, bis man das „Karten-Alphabet“ auswendig kann.

Sind alle möglichen Wörter ausgelegt und fällt einem nichts mehr ein, dann darf beim Gegenspieler sowohl angelegt als auch geräubert werden. Es könnte z. B. ein Satz ergänzt werden: „Rom ist nahe am Meer.“ Es kann auch ein einzelnes Wort erweitert werden, wie beim Scrabble, z. B. kann aus „Mut“ dann „Mutter“ werden. Und drittens kann, anders als bei Scrabble, geräubert werden!

Haben Sie z. B. eine Pik Sieben, die für das T steht, und Ihr Gegenspieler hat das Wort „Hut“ mit einer Herz-Karte (= Joker!) vervollständigt, dann dürfen sie die Herz-Karte nehmen und dafür die Pik-Sieben legen. Andersherum dürfen Sie auch Wörter kürzen, wenn Sie die Buchstaben benötigen. Fehlt Ihnen z. B. ein A und ein R und der Gegner hat „Hangar“ ausgelegt, dann dürfen Sie das A und das R rauben, wenn ein sinnvolles Wort wie „Hang“ übrig bleibt.

Das Spiel geht also so lange weiter, bis alle Möglichkeiten erschöpft sind. Verloren hat, wer die meisten Restkarten übrig behalten hat.

Rot und Schwarz

Spielerzahl: 1 Schwierigkeit: niedrig
Spieldauer: 5–10 Minuten Karten: 52 Patiencekarten

Diese Patience ist recht einfach und auch Kinder zwischen vier und sieben Jahren spielen diese gerne.

Vom Talon mit zweiundfünfzig Blatt wird die oberste Karte abgezogen und offen ausgelegt. Ist es eine rote Karte, kommt daran eine schwarze und so fort, Rot und Schwarz immer im Wechsel. Werden Karten vom Talon gezogen, die nicht farbfolgerichtig angelegt werden können, so kommen sie auf den offenen Ablagestapel nebenan.

Es gibt zwei verschiedene Spielmöglichkeiten: Entweder darf die jeweils obenauf liegende Karte des Ablagestapels zum Farbwechselbau mitverwendet werden, dann geht die Patience sehr oft auf – oder aber sie darf **nicht** zum Anlegen mitbenutzt werden, dann ist sie etwas schwieriger. Im ersten Fall darf der Talon nur einmal durchgespielt werden, dann müssen alle zweiundfünfzig Karten in langer Schwarz-Rot- oder Rot-Schwarz-Schlange liegen. Im zweiten Fall aber darf der Ablagestapel eingenommen und noch einmal durchgespielt werden, wenn der Talon durchgespielt ist. Der nun wiederum entstehende Ablagestapel darf – sofern seine oberste Karte den Anschluss an Rot bzw. an Schwarz bildet – erst zum Schluss aufgelöst werden. Liegen in ihm mehrere aufeinanderfolgende Karten gleicher Farbe, ist die Patience gescheitert.

Schmetterling

Spielerzahl: 1 Schwierigkeit: sehr hoch
Spieldauer: 5–10 Minuten Karten: 52 Patiencekarten

Diese schwierige Patience ist nur zu empfehlen, wenn Sie schon Erfahrungen mit Patiencen gesammelt haben. So geht es: Aus einem Spiel zu zweiundfünfzig Blatt werden die Asse herausgenommen und in beliebiger Folge offen untereinander ausgelegt. Sie bilden den Körper des Schmetterlings.

Die übrigen achtundvierzig Karten werden nun so ausgelegt, wie in der Grafik dargestellt. Rechts und links von den Assen also zwei Reihen zu je fünf Karten, darunter eine Reihe zu je vier Karten, darunter wieder zwei Reihen zu je fünf Karten: die Flügel eines Schmetterlings. Die Aufgabe besteht darin, auf den vier Assen echte Familien steigend zu bauen bis zu den Königen. Hierfür werden passende Karten von den Außenrändern des Bildes auf die Asse gebaut Sie dürfen auch an den äußeren Rändern umbauen, um dadurch Karten freizubekommen. Bei diesen Umbauten darf steigend oder fallend, auch im Wechsel, angelegt werden; die Farben spielen dabei keine Rolle, allein die Werte. Da kann nun beliebig immer wieder ab- und angebaut werden, ganze Folgen jedoch dürfen nicht weggenommen werden, es sei denn, sie lassen sich auf den Ass-Familien unterbringen.

Geht nichts mehr, dann dürfen Sie vom Rand bis zu drei Karten wegnehmen, die hinderlich sind. Sie kommen in den bei Patiencen häufig genutzten „Keller", also einfach unter das Bild. Bauen Sie nun weiter, Sie können dazu eine Karte aus dem Keller verwenden. Der so entstandene Freiplatz im Keller darf bei Bedarf wieder von einer neuen Hilfskarte besetzt werden.

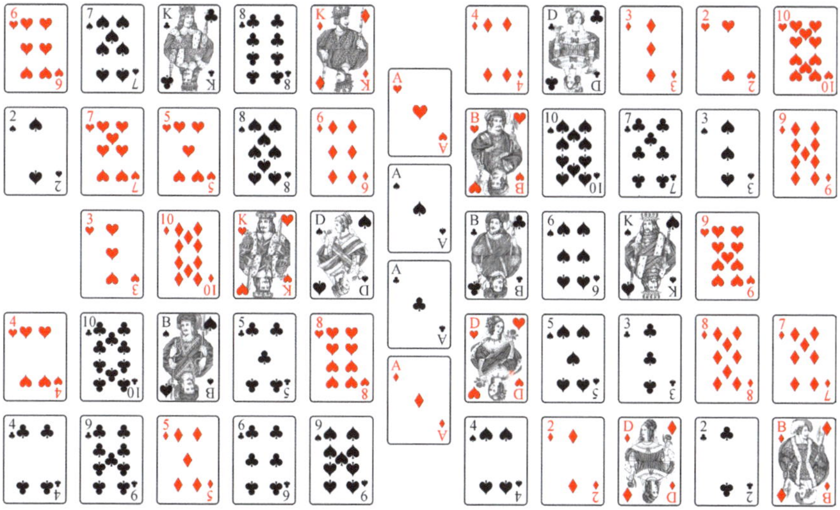

Der „Schmetterling" hat seine Flügel ausgebreitet

Spielen wir einmal die Auslage unserer Grafik durch: Es ist gar nicht so ungünstig. Da kann gleich eine außen liegende Pik-Zwei auf Pik-Ass gelegt werden, Herz-Zehn auf Karo-Neun, Karo-Bube auf Herz-Zehn. Dadurch wird die Kreuz-Zwei frei. Sie kommt aufs Kreuz-Ass. Nun kann die Karo-Dame an den Karo-Buben gelegt werden. Die Karo-Zwei kommt aufs Karo-Ass.

TIPP

Vor allem auf die Könige sollten Sie achten. Je weiter innen, desto günstiger. Denn sie finden ihren richtigen Platz erst als allerletzte Karten.

An eine Folge aus Kreuz-Sieben, Herz-Acht, Pik-Neun, Herz-Zehn, Karo-Bube, Kreuz-Dame legen Sie am besten keinen König. Dieser blockiert die ganze Folge.

Besser ist es, die Folge wieder aufzulösen.

Diese Patience geht garantiert auf, allerdings möglicherweise nicht gleich beim ersten Versuch. Wichtig ist es hier, klug vorauszuplanen.

Wenn Sie die Geduld verlieren, dann können Sie einen einfacheren Weg wählen und gemischte Familien auf den Assen aufbauen, wo die Farben keine Rolle mehr spielen, sondern nur die Werte in der richtigen Reihenfolge.

Schottische Patience

Spielerzahl: 1 Schwierigkeit: mittel
Spieldauer: 5–10 Minuten Karten: 52 Patiencekarten

Diese Patience ist eine Variation des „Fächers", der an anderer Stelle (Seite 63) in diesem Buch beschrieben wird. Der Unterschied: Auf die Asse wird in alternierender Farbfolge rot-schwarz-rot-schwarz usw. aufgebaut. Siebzehn Fächer plus eine Karte werden ausgelegt. Darauf wird absteigend umgeschichtet, wobei freie Plätze leer bleiben. Der Talon darf nur einmal durchgespielt werden.

Shamrock

Spielerzahl: 1 Schwierigkeit: mittel bis hoch
Spieldauer: 5–10 Minuten Karten: 52 Patiencekarten

Auch dies ist eine Variation des beliebten „Fächers“, den Sie natürlich in diesem Buch beschrieben finden. Das englische Wort „Shamrock“ bedeutet so viel wie „Kleeblatt“, ist also ein Glücksbringer. Bei der Auslage werden die Könige als unterste Karte eines Fächers gelegt. Es wird in den Fächern auf- und absteigend, ohne Rücksicht auf die Farbe, angelegt. Aber: Kein Fächer darf mehr als drei Karten enthalten, Freiplätze bleiben leer.

Sonne

Spielerzahl: 1
Spieldauer: 5–10 Minuten
Schwierigkeit: mittelschwer
Karten: 2 x 52 Patiencekarten

Zwei Kartenspiele zu zweiundfünfzig Karten werden gemischt und dann die ersten acht wie in der Grafik ausgelegt, sodass sich eine Sonne ergibt. Die Strahlen dieser Sonne werden dann im Spielverlauf immer länger. Diese Strahlen sollen zu echten Familien werden, die mit den Assen beginnen und mit den Königen enden.

In der Grafik liegen zwei Asse schon an der richtigen Stelle. Auf sie wird steigend gebaut, also die Zweien, Dreien und so fort in ihrer Farbe. Auf die übrigen Karten bauen wir fallend. Diese Strahlen werden immer dann aufgelöst, wenn die entsprechende Anschlusskarte erscheint.

In der Grafik sehen wir die Sonne, nachdem der Talon einmal durchgespielt ist.

Da lag im Bild der Auslage eine Kreuz-Zwei, an sie wurde das Kreuz-Ass gelegt. Erhalten wir nun einen Freiplatz, kommt auf diesen zuerst Kreuz-Ass, steigend darauf die Kreuz-Zwei.

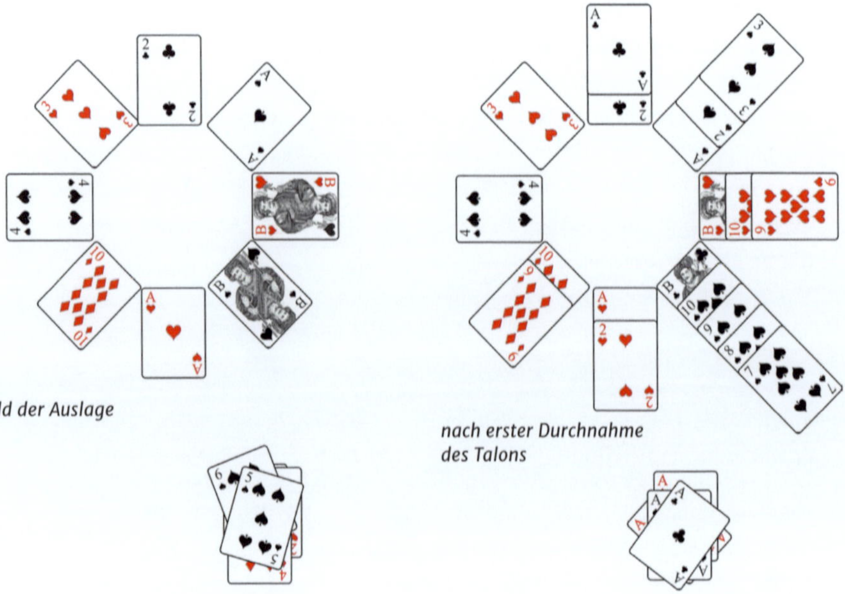

Bild der Auslage

nach erster Durchnahme des Talons

Ablagestapel

herausgelegte Asse

Die „Sonne“

Bevor Sie den Ablagestapel zum zweiten Mal durchspielen, kann noch einiges gelegt werden: Herz-Drei kommt an Herz-Zwei, Pik-Vier an Pik-Drei. Und weil wir als letzte Karte die Pik-Fünf aufdeckten – sie liegt nun offen zuoberst auf dem Ablagestapel – kommt diese auf die Pik-Vier. Die Pik-Familie ist also nach dem ersten Durchgang bis zur Fünf fertig.

Der eine Freiplatz wird mit Kreuz-Ass und Kreuz-Zwei belegt. Auf den anderen kommt eines der abgelegten Asse, bei dem wir die größten Chancen sehen, sobald wie möglich den Anschluss an einen fallenden Strahl zu finden. Karo-Ass ist noch nicht im Spiel und kommt auf den Freiplatz.

TIPP

Beim zweiten Durchspielen des Talons ist es wichtig, immer auf die oberste, offen daliegende Karte des Ablagestapels zu achten. Passt sie irgendwohin, wird sie sofort angelegt.

Fünfmal dürfen Sie den Talon so durchspielen, dann sollten alle Strahlen gleich lang sein und der Talon restlos aufgebraucht. Diese Patience geht nicht leicht auf.

Wer keine Geduld hat darf diese Sonne auch mit unechten Familien bauen, also Rot und Schwarz oder Schwarz und Rot im Wechsel.

Spielkasino

Spielerzahl: 1 Schwierigkeit: hoch bis sehr hoch
Spieldauer: 5–10 Minuten Karten: 52 Patiencekarten

Diese Patience ist ein echtes Glücksspiel, nur für ganz hartgesottene Spieler geeignet und geht auch nur ganz selten auf. Daher der Name!

Die Regeln sind ganz einfach, so geht es los: Von einem Spiel mit zweiundfünfzig Karten werden fünfundzwanzig Karten abgezogen und in fünf offenen Reihen zu je fünf Karten ausgelegt. Liegen in den Senkrechten oder Waagerechten je zwei Karten gleichen Wertes (die Farbe spielt keine Rolle), dann werden sie aus dem Bild genommen und durch neue vom Talon ersetzt. Das geht so fort, bis alle Karten in sechsundzwanzig „Pärchen“ weggelegt sind. Liegen in einer Senk- oder Waagerechten **drei** Karten gleichen Wertes, nimmt man trotzdem nur zwei weg. Das erweist sich in der Praxis als sehr schwierig.

Treppe

Spielerzahl: 1 Schwierigkeit: mittel bis hoch
Spieldauer: 5–10 Minuten Karten: 52 Patiencekarten

Zweiundfünfzig Karten werden gut gemischt und danach fünfzehn Karten so als „Treppe“ ausgelegt, wie in der Grafik (gegenüber) dargestellt. Es geht nicht anders: In diesem Bild sind mindestens zwei oder drei Karten mit gleichem Wert, z. B. zwei Buben oder drei Siebener.

Befinden sich darin nun **drei** Karten des gleichen Wertes, so werden diese drei herausgenommen und rechts neben dem Bild ausgelegt. Sind aber nur zwei Karten gleichen Wertes im Bild, dann werden diese als Grundkarten der farbecht steigend zu bauenden Familien ausgelegt.

Haben Sie die Wahl zwischen mehreren Karten, dann bevorzugen Sie Karten, für die Anschlusskarten im Bild sind. Diese können gleich angelegt werden.

In der Grafik sehen Sie drei Zweien, die als Grundkarten der Familien herausgelegt werden. Die Familien müssen also in unserem Fall über die Dreien, Vieren, Fünfen ... Damen, Könige bis zu den Assen gehen, mit diesen also enden. Angelegt werden darf an die rechts außen liegende „Treppenstufe“, und zwar fallend in ganz beliebiger Farbfolge. Es ist egal, ob Rot auf Schwarz, Schwarz auf Rot, Rot auf Rot, Schwarz auf Schwarz folgt. Dadurch entstehende Freiplätze werden vom Talon wieder gefüllt. Ist eine Reihe ganz aufgelöst, darf hierhin auch eine Folge gelegt werden oder ein Teil einer solchen. Die Folgen dürfen auch untereinander vertauscht werden. Liegen etwa in einer Reihe König, Dame, Bube, Zehn, Neun, Acht, in einer anderen Folge aber Bube, Zehn, Neun, Acht, Sieben, Sechs und brauchen Sie die Acht in dieser Folge als Anschlusskarte zum Aufbau einer Familie, so dürfen Sie sie dadurch

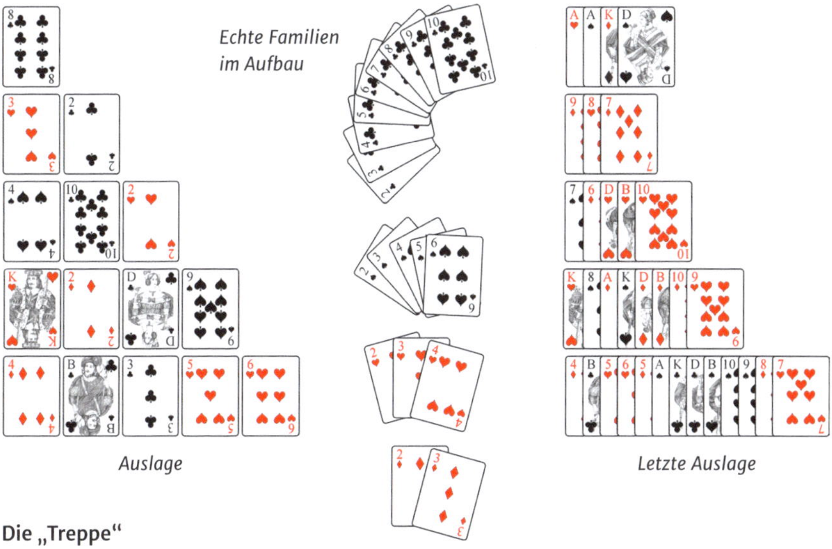

Die „Treppe"

freilegen, dass Sie Sieben, Sechs auf die erstgenannte Folge packen. Geht gar nichts mehr, ziehen Sie Karte um Karte vom Talon ab, prüfen sie auf ihre Anbaufähigkeit und legen sie, falls nicht brauchbar, offen vor sich ab. So geht es nun immer weiter. Der Talon darf nur einmal durchgespielt werden.

Lassen sich danach die Karten des Bildes und jene im Ablagehäufchen nicht folgerichtig auf den Familien aufbauen, ist die Patience gescheitert.

Schauen Sie auf die Grafik: Das Ablagehäufchen ist untergebracht, der Talon ist abgespielt, aber an die zum Weiterbau der Familien benötigten Anschlusskarten Kreuz-Bube, Pik-Sieben, Herz-Fünf und Karo-Vier kommen wir nicht heran. Sie sind blockiert, die Patience ist gescheitert.

TIPP

Oft ist es günstiger, eine an eine Folge passende Karte zunächst aufs Ablagehäufchen zu packen, um die Blockade der demnächst benötigten Anschlusskarten zu verhindern.

Die Chance, dass diese Patience aufgeht, liegt bei 20 Prozent, ist also relativ gering. Gerade das ist für gute Spieler aber ein großer Anreiz!

Turnerriege

Spielerzahl: 1 Schwierigkeit: mittel
Spieldauer: 5–10 Minuten Karten: 52 Patiencekarten

Dies ist eine Variation der Patience „Kalkulation", die an anderer Stelle in diesem Buch (Seite 92) beschrieben wird. Dies hat sich wohl ein mathematisch begabter Patiencenfreund ausgedacht!

So geht es: Aus einem Spiel zu zweiundfünfzig Blatt nehmen Sie ein Ass, zwei Zweien, eine Drei, zwei Vieren, eine Sechs und eine Acht heraus. Die Farben spielen keine Rolle. Zwei offene Reihen werden nun ausgelegt, deren obere, von links nach rechts, enthält: Ass, Zwei, Drei, Vier. Darunter legen wir: Zwei, Vier, Sechs, Acht.

Vom Talon wird nun Karte für Karte abgezogen und an das Bild angelegt.

Die unbrauchbaren Karten werden offen zu einem Spiel aufgelegt, die jeweils oberste darf zum Bau mitverwendet werden.

Die Spielregeln entsprechen der „Kalkulation“. Es wird also immer eine Karte angelegt, deren Wert dem der obersten Karte plus dem der jeweils untersten Karte entspricht. Liegt dieser Wert höher als 13, so werden 13 abgezogen, und es wird die Karte angelegt, die nun diesem Wert entspricht. Für die erste Reihe in obigem Beispiel würde das so aussehen: Ass (1) + 2 = 3. Die als nächste anzulegende Karte wäre also eine Drei. Sie ist nun die unterste Karte. Drei und Ass ergeben 4, als nächste Karte wird also eine Vier angelegt.

Sie brauchen nur einen vergleichenden Blick auf die Tabelle zu werfen, die Sie in der „Kalkulation“ finden (s. S. 96). Wenn unsere vier senkrechten Reihen richtig gebaut sind, müssen sie je dreizehn Karten enthalten, in der Reihenfolge der Tabelle Ass bis Vier, also alle mit einem König enden. Um dies zu erreichen, darf der Talon zweimal durchgespielt werden, die jeweils oberste Karte des Ablagestapels kann mitspielen.

Uhr

Spielerzahl: 1 | Schwierigkeit: niedrig
Spieldauer: 5–10 Minuten | Karten: 52 Patiencekarten

Wie schön, dass Patiencen oft mit so sprechenden Namen und Bildern einhergehen: Sonne, Rangierbahnhof, Fächer ... der Phantasie sind keine Grenzen gesetzt! Diesmal werden zweiundfünfzig gut gemischte Karten wie das Zifferblatt einer Uhr ausgelegt. Es kommt jeweils eine verdeckte Karte dorthin, wo das Zifferblatt „Ein Uhr“, „Zwei Uhr“, „Drei Uhr“ und so fort bis zu „Zwölf Uhr“ zeigt. Eine dreizehnte Karte wird in die Mitte des Zifferblattes gelegt.

Weiter geht es: in die zweite Runde: Wieder kommt eine verdeckte Karte auf „Ein Uhr“, eine auf „Zwei Uhr“ und so fort, bis wieder eine Karte verdeckt in die Mitte gelegt wird. Das machen Sie genau viermal, dann haben Sie keine Karten mehr in der Hand.

Ziel der Patience ist es, dass am Ende alle Asse offen auf „Ein Uhr“ liegen, alle Zweien auf „Zwei Uhr“ ..., alle Buben auf „Elf Uhr“ und alle Damen auf „Zwölf Uhr“. In der Mitte müssen alle vier Könige offen versammelt werden.

Beginnen Sie bei „Ein Uhr“, indem Sie die oberste verdeckte Karte umdrehen und offen unter das Kartenhäufchen schieben, dessen Wert sie anzeigt. Angenommen, es ist eine Dame, dann wird sie also unter das „Zwölf-Uhr-Häufchen“ gelegt. Als Ausgleich nehmen Sie nun die oberste Karte vom „Zwölf-Uhr-Häufchen“ und legen diese an die passende Stelle des Zifferblattes. Ist diese ein König, wird sie offen unter den Mittelhaufen gelegt, von dem nun wieder die oberste Karte genommen, aufgedeckt und ihrem Wert entsprechend offen unter ihre „Uhrzeit“ geschoben wird.

Dies setzen Sie so lange fort, bis die Patience aufgegangen ist – oder auch nicht!

TIPP

Passen Sie auf, dass immer die richtige „Uhrzeit“ gelegt wird. Falls Sie versehentlich eine Sieben unter „Neun Uhr“ legen, kann die Patience unmöglich aufgehen!

Vater, Mutter und Kinder

Spielerzahl: 1 | Schwierigkeit: mittel
Spieldauer: 5–10 Minuten | Karten: 52 Patiencekarten

Diese Patience wird tatsächlich Albrecht Dürer (1471–1521) zugeschrieben, dem großen Maler, Grafiker und Mathematiker. Er spielte dies mit nummerierten Klötzchen, als ihm dem nach längerer Krankheit vom Arzt noch immer strenge Bettruhe verordnet worden war.

Aus einem Spiel zu zweiundfünfzig Blatt werden dreizehn Karten einer Familie, z. B. Herz, entnommen und gut gemischt. Dann legt man sie in zwei Reihen, die obere zu sieben, die untere zu sechs Karten, aus.

Durch Verschieben in alle vier Richtungen, also von unten nach oben, von oben nach unten, von rechts nach links und von links nach rechts (deshalb bleibt in der zweiten Reihe der letzte Platz frei), sind die Karten so zu ordnen, dass sie am Schluss in der Reihenfolge ihrer Werte, also vom Ass bis zum König, liegen.

TIPP

Es ist möglich, dass die Karten so liegen, dass die Patience niemals aufgehen kann. Dann sollten Sie schleunigst neu auslegen und von vorne beginnen!

Vier Damen

Spielerzahl: 2 Schwierigkeit: mittel
Spieldauer: 5–10 Minuten Karten: 52 Patiencekarten

Ein Spiel zu zweiundfünfzig Karten wird gemischt. Alle vier Könige werden herausgenommen und in einer offenen Reihe nebeneinander mitten auf den Tisch gelegt. Nun werden vier weitere Karten vom Talon abgezogen, die offen unter die Könige gelegt werden.

Die restlichen vierundvierzig Karten des Talons werden zu je zweiundzwanzig verdeckt unter den beiden Spielern verteilt. Ziel der Patience ist es, auf den Königen in steigender Folge, also über Ass, Zwei, Drei ... bis zu den Damen echte Familien zu bauen. Wenn sie aufgeht, liegen am Ende also die vier Damen obenauf, alle übrigen Karten sind verbraucht, auch die Hilfsreihe, die wir unter die Könige legten.

Asse werden sofort herausgenommen und auf die passenden Könige gebaut. Der freie Platz in der Hilfsreihe wird durch die abgezogene Karte vom Talon neu besetzt. Finden Sie eine Zwei, die farbgleich aufs Ass passt, dann wird auch diese auf ihre „Familie“ gepackt, und eine weitere Karte wird vom Talon abgezogen. Auf die vier Karten der Hilfsreihe wird **fallend** gebaut, und zwar immer rot-schwarz, schwarz-rot im Wechsel.

Die als letzte gezogene Karte wird offen neben dem Talon aufgelegt. Der Spieler „gibt ab“ an seinen Partner. Dieser verfährt nun genauso, und dies wiederum so lange, bis gar nichts mehr geht. Auch auf die offenen Karten darf gebaut werden, und zwar auf jene des Gegenspielers. Hier nun ebenfalls rot-schwarz, schwarz-rot im Wechsel, aber sowohl steigend als fallend. Auf eine offene rote Acht des Gegenspielers kommt also entweder eine schwarze Neun oder eine schwarze Sieben.

Der Talon wird beliebig oft durchgespielt. Geht die Patience nicht auf, hat der gesiegt, der die meisten Karten loswurde.

Diese Patience verlangt nicht allzu viel Aufmerksamkeit und ist für gesellige Runden geeignet, in denen man sich auch während des Spiels mit Freunden oder Verwandten unterhalten möchte.

Viereck

Spielerzahl: 1 — Schwierigkeit: niedrig
Spieldauer: 5–10 Minuten — Karten: 52 Patiencekarten

Die zweiundfünfzig Karten werden gut gemischt, dann die vier obersten Karten in Form eines Vierecks offen ausgelegt. Erscheinen dabei zwei Karten gleicher Farbe, also zwei Pik-Karten, zwei Herz-Karten, zwei Kreuz-Karten oder zwei Karo-Karten, werden diese weggenommen, beiseitegelegt und durch zwei neue Karten vom Talon ersetzt. Ziel ist es, die Karten wegzunehmen und durch jeweils zwei neue ersetzen kann, bis der Talon aufgebraucht ist. Es kann natürlich vorkommen, dass **drei** Karten einer Farbe aufliegen; dann aber werden nicht etwa diese drei weggenommen, sondern immer nur zwei. Pech haben Sie, wenn von jeder Farbe je eine Karte auf dem Tisch liegt. Die Patience ist dann nicht aufgegangen.

Vier Ecken

Spielerzahl: 1 — Schwierigkeit: mittel
Spieldauer: 5–10 Minuten — Karten: 52 Patiencekarten

Zunächst nehmen Sie alle Zweien, Dreien, Vieren und Fünfen aus dem Kartenspiel heraus und legen sie beiseite. Diese Karten spielen nicht mit. Nun stellen Sie sich auf dem Spielfeld ein Viereck mit etwa 30 cm Seitenlänge vor. Das Ziel ist es, farbechte Familien aufzubauen, allerdings auf verschiedenen Grundkarten.

So geht es los: Vom Talon ziehen Sie Karte für Karte ab. Die erste kommt offen in die Ecke oben links. Die Ecke rechts oben wird mit der zuerst gezogenen Karte einer anderen Farbe besetzt. Nach rechts unten kommt die erstgezogene Karte der dritten Farbe, in die Ecke links unten die erste, die beim Abziehen vom Talon in der vierten Farbe erscheint.

Schauen Sie sich nun die Grafik (gegenüber) an: Diejenigen Karten, die nicht in die vier Ecken passen, legen Sie dann so aus: Die Eckkarten sind Herz-Ass, Pik-Dame, Karo-Bube und Kreuz-Ass. Unter und rechts neben die Herz-Eckkarte darf je eine Herz-Karte gelegt werden, wie sie beim Abziehen des Talons erscheint. Unter und links neben die Pik-Eckkarte ebenso, und so auch bei Karo und Kreuz.

Anschlusskarten werden sofort auf die passende Grundkarte gelegt bzw. auf die Karte der bereits im Bau befindlichen Familie, an die sie sich anschließt. Der Freiplatz wird vom Talon neu besetzt. Auf Herzplätze kommen Herz-, auf Pik-Plätze nur Pik-Karten und so fort. Nicht verwendbare Karten kommen offen auf den Ablagestapel. Wenn eine Familie vollendet ist, bleiben ihre beiden Plätze, unter und neben der Grundkarte endgültig frei! Freiplätze dürfen nur mit Karten besetzt werden, die farblich zur Grundkarte passen, mit der sie einen rechten Winkel bilden, bzw. zu der auf der Grundkarte wachsenden Familie.

Weil die Familien nicht alle mit der gleichen Grundkarte beginnen, ist natürlich auch die Aufbaufolge verschieden. Dazu gibt es einen „Sprung“ vom Ass zur Sechs, denn die Karten dazwischen haben sie ja herausgenommen. Dies zeigt auch die Grafik: Die Herz-Familie beginnt

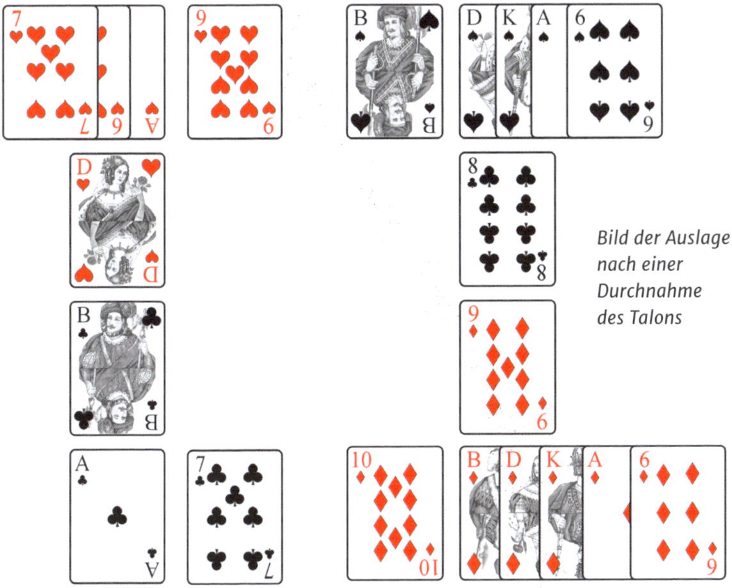

Bild der Auslage nach einer Durchnahme des Talons

„Vier Ecken"

mit Ass und „springt" zur Sechs. Diese Familie muss also mit dem König enden. Bei Pik ist die Grundkarte eine Dame. Auch hier gibt es einen „Sprung": Von Dame, König, Ass zur Sechs. Die als letzte aufzulegende Karte ist in diesem Fall also der Bube.

Nehmen Sie den Ablagestapel auf – er ist jetzt der Talon – und spielen Sie ihn erneut durch. Die Patience wird dann garantiert aufgehen!

Windrad

Spielerzahl: 1 — Schwierigkeit: mittel bis hoch
Spieldauer 15 – 30 Minuten — Karten: 2 x 52 Patiencekarten

Auch mit dieser etwas schwierigeren Patience legen Sie ein schönes Bild, diesmal ein Windrad. So geht es los: Mischen Sie die beiden

Kartenspiele gut durch und legen Sie dann die zwölf obersten Karten schuppenförmig in einer senkrechten Reihe aus.

Dies Bild muss nun so schnell wie möglich abgebaut werden, angelegt werden darf hier nicht. Asse bleiben liegen, bis sie als unterste Karte frei geworden sind.

Jetzt wird der Talon in Viererreihen ausgelegt. Nicht verwendbare Karten werden offen daneben ausgelegt. Sie müssen also jede Karte vor dem Auslegen genau prüfen und sie dann dorthin legen, wo sie die größten Chancen hat. Etwa dorthin, wo Sie sie bald wieder wegnehmen zu können, und zwar entweder fallend an eine unten freiliegende Karte unserer Reihen oder aber auf die Asse.

Die Asse werden in Form eines Windrades ausgelegt, wie Sie auf der Grafik (gegenüber) sehen können. Fünf Asse sind bereits ausgelegt, drei also müssen sich noch im Talon befinden, denn in der ausgelegten Zwölfer-Senkrechten befindet sich kein Ass.

In die Viererreihen dürfen keine ganzen Folgen umgelegt werden, sondern immer nur die jeweils unterste Karte. Die Farben sind unwichtig. Auf ein Herz-Ass darf also eine Pik-Zwei gepackt werden, eine Kreuz-Drei, eine Pik-Vier und so fort bis zum König. Und auch unsere fallenden Folgen brauchen nicht farbecht zu sein.

TIPP

Wichtig ist es, die Könige als „Endkarte“ möglichst ganz nach oben in die Viererwaagerechte zu bringen, weil sie sonst den An- und Abbau blockieren.

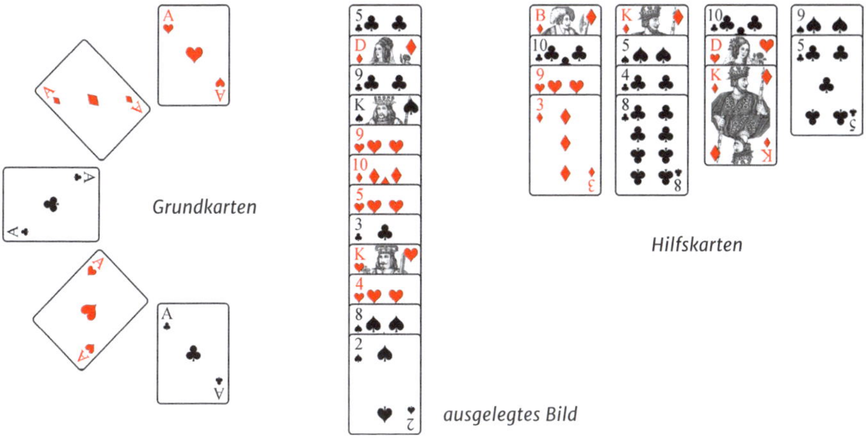

Das „Windrad“

Nicht aus den Augen verlieren sollten Sie, dass der Abbau der Zwölfersenkrechten, wie oben bereits beschrieben, vorangetrieben wird.

In der Zwölferreihe auf unserer Grafik befinden sich zwei Könige. Entweder müssen Sie nun den Bau einer Ass-Familie derart vorantreiben, dass ein blockierender König als oberste Karte eine Familie vollendet oder dass Sie durch Abbau in der obersten Viererreihe einen Freiplatz schaffen.

Schauen Sie auf die Grafik: Unten an der Zwölferreihe liegt eine Zwei, die weggenommen werden muss und auf ein beliebiges Ass gepackt wird. Darunter liegen eine Acht und eine Vier. Wir durften unbesorgt eine Drei auf eine Neun legen, denn die Drei kommt ja weg, als Folgekarte auf Ass und Zwei. Und dann kann auch die Acht (in der Zwölferreihe unter der Zwei) auf der Neun abgelegt werden, die durch Wegnahme der Drei frei wurde. Eine Fünf, vom Talon abzogen, legten Sie als letzte Karte in unsere zweite waagerechte Viererreihe. An sie kommt nun die frei gewordene Vier aus unserer Zwölfersenkrechten.

Und jetzt können Sie weiter auf die Ass-Familie bauen, nämlich nach der Zwei und der Drei die Vier und die Fünf. Nun kommen Sie an den schwierigen König. Versuchen Sie, so klug weiter auszulegen, dass eine Senkrechte der Viererreihen völlig aufgelöst werden kann, um den König dann dort zu platzieren.

Diese Patience ist sehr viel komplizierter, als dies auf den ersten Blick den Anschein hat. Nur Mut: Die Patience geht recht oft auf.

Zankpatience

Spielerzahl: 2 Schwierigkeit: mittel
Spieldauer: 10–15 Minuten Karten: 2 x 52 Patiencekarten

Dieses Patience ist die wohl beliebteste und bekannteste für zwei Personen. Bis zum Spielschluss ist der Gewinner nicht vorauszusehen. Sehr oft geraten sich die Partner im Spieleifer in die Haare, vor allem wenn „geklopft“ wird. Sie sollten sich aber nicht ernsthaft zanken, es ist ja nur ein Spiel!

So geht es los: Beide Gegner sitzen sich gegenüber, jeder spielt mit einem gut gemischten Spiel zu zweiundfünfzig Karten. Dann zieht jeder Teilnehmer vier Karten von seinem Stapel und legt sie aufgedeckt in einer Reihe untereinander auf den Tisch.

Anschließend nimmt jeder der beiden Spieler zwölf Karten von seinem Talon und legt sie als Hilfsstoß verdeckt auf den Tisch. Die oberste Karte dieses Hilfsstoßes wird umgedreht. Wer die höhere Karte aufdeckt, beginnt mit dem Spiel. Haben beide Karten zufällig denselben Wert, entscheidet die Farbe über den Spielbeginn.

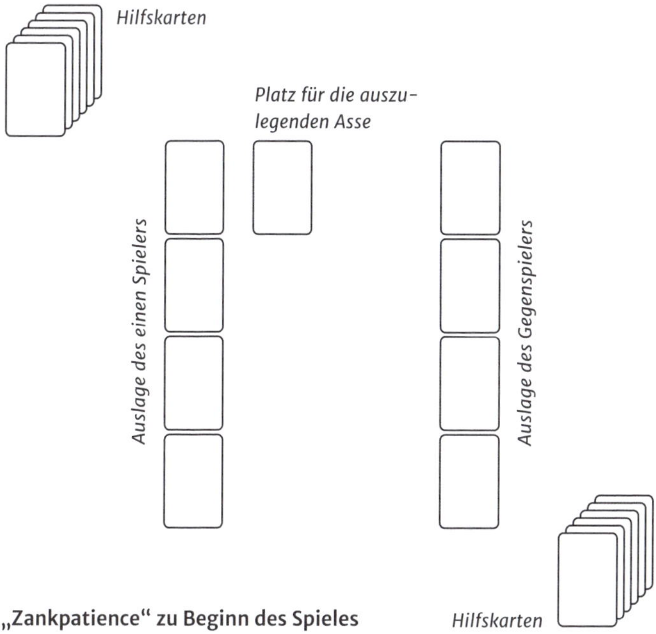

Die „Zankpatience" zu Beginn des Spieles

Auf den acht Assen müssen in steigender Folge farbgleiche Familien aufgebaut werden. Jeder Spieler darf nur an seine eigenen Familien anlegen. Zu diesem Zweck legt man der Reihe nach alle Asse in zwei senkrechten Viererreihen in die Mitte des Tisches. Finden sich Asse in den ausgelegten acht Karten, so nimmt man diese aus dem Bild in die Tischmitte zu den anderen Assen. An die acht ausgelegten Hilfskarten dürfen in fallender Folge und schwarz-rot im Wechsel Familien angebaut werden. Zwischen den Auslagekarten frei werdende Plätze müssen wieder besetzt werden. Dazu kann man die oberste Karte vom Hilfsstoß verwenden, die oberste Karte vom Stapel oder eine Karte aus der Reihe. Jeder Spieler darf abwechselnd so lange Karten vom Talon oder Hilfsstoß aufdecken und ablegen, bis er eine Karte aufdeckt, für die er keine Verwendungsmöglichkeit findet. Diese wird seitlich als Beginn des neuen Stoßes abgelegt. Jetzt ist der Gegenspieler an der Reihe.

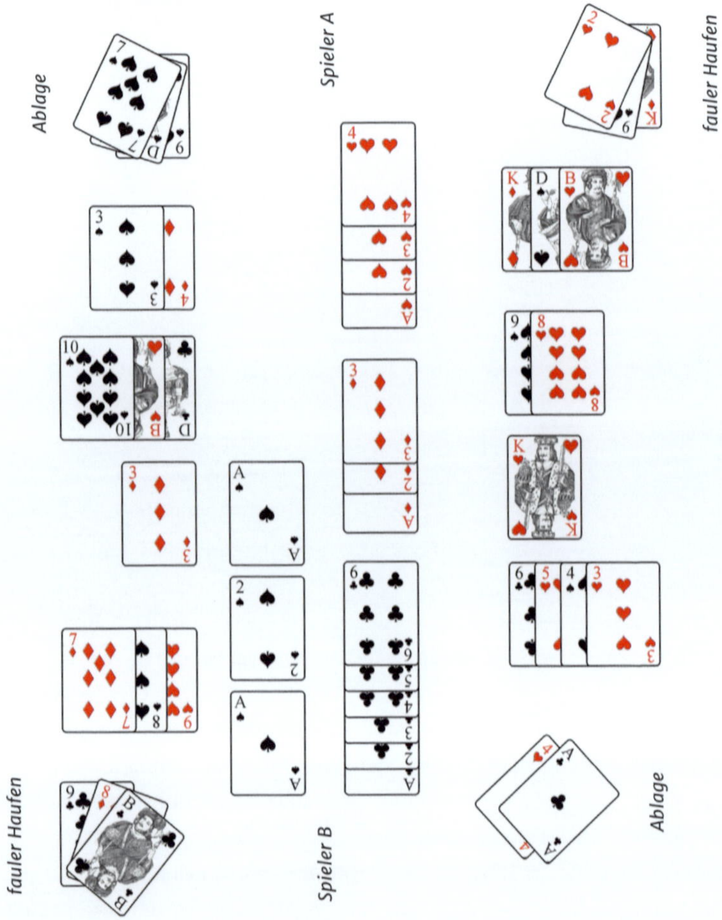

Die „Zankpatience" mitten im Spiel

Jeder Spieler hat das Interesse, seine Karten möglichst schnell loszuwerden.

Jeder Spieler darf auch passende Karten auf die Stöße des Gegners legen, und zwar auf dessen Hilfsstoß und auf den Abwurfstoß in gleicher Farbe und in auf- und absteigender Ordnung.

Jeder Spieler muss genau aufpassen, damit er keine Möglichkeit übersieht und um nichts falsch zu machen. Derjenige Spieler, der gerade **nicht** am Zuge ist, muss genauso aufpassen. Denn wenn er seinen Gegenspieler bei einem Fehler ertappt, muss er klopfen, und das Spiel geht nun sofort an ihn über.

Die Grafik zeigt eine entwickelte Spielsituation. Spieler B ist am Zug. Er hat soeben ein Kreuz-Ass vom Talon gezogen. Es kommt sofort auf einen der noch freien Ass-Plätze in der Mitte. Dann muss die Familie aus Herz-Neun, Pik-Acht, Karo-Sieben geschlossen hinübergelegt werden auf die Familie aus Kreuz-Dame, Herz-Bube, Pik-Zehn. Der Freiplatz wird vom Talon neu besetzt. Nun zieht B eine Herz-Fünf vom Talon. Sie muss auf die Herz-Vier der entsprechenden Ass-Familie.

Macht B keinen Fehler, wird er also nicht „abgeklopft", so kann er vielleicht noch eine ganze Weile weiterspielen und dadurch Karten loswerden.

Spieler B macht aber doch einen Fehler: Er zieht nämlich eine Pik-Zwei vom Talon und legt diese an die Herz-Drei der Kreuz-Sechs, Herz-Fünf, Pik-Vier, Herz-Drei-Flöte, statt auf das Pik-Ass, das Vorrang hat. Spieler A aber hat gut aufgepasst und klopft sofort. Er ist nun am Spiel!

TIPP

Ausschlaggebend für den Ausgang des Spiels ist die Schnelligkeit, mit der jeder Spieler seinen Stapel und seinen Hilfsstoß abbaut. Einem Spieler ist nur erlaubt, seine Karten auf die Auslage oder den Stoß des Gegners zu legen, wenn er keine andere Möglichkeit zur Auslage hat.

Jeder spielt, solange er Karten an- und umlegen kann. Der Talon darf so oft umgeschlagen werden, wie es nötig ist. Das Auflegen auf die Ass-Familien in der Mitte geht jedoch allem anderen vor. Übersieht ein Spieler die Möglichkeit, Karten auf die Ass-Familien aufzubauen, wird er von seinem Spielpartner gestoppt, der nun seinerseits das Spiel fortsetzen darf, bis er entweder festsitzt oder selbst eine Anlegemöglichkeit übersieht.

Geht die Patience nicht auf, dann zählen beide Spieler, jeder für sich die noch verbliebenen Karten im toten Haufen, in der Ablage und im Talon. Gesiegt hat, wer die wenigsten Karten besitzt.

Zehn oder Zwanzig (Tonne)

Spielerzahl: 2 — Schwierigkeit: mittel
Spieldauer: 5–10 Minuten — Karten: 52 Patiencekarten

Bei dieser Patience für zwei Personen kommt es auf schnelles Rechnen an. Karten werden zusammengelegt, die dann den gemeinsamen Wert von 10 oder 20 haben, daher der Name! Diese Patience ist aber auch als „Tonne“ bekannt, denn wer bei Spielende die meisten Karten in der „Tonne“ hat, ist der Verlierer. So geht es los: Zweiundfünfzig gut gemischte Karten werden zu je sechsundzwanzig an zwei Spieler verteilt. Jeder legt von seinen verdeckten sechsundzwanzig Karten je fünf offen in einer senkrechten Reihe vor sich aus.

Die Karten haben die Werte: Ass = 1, Zwei = 2, Drei = 3, Vier = 4, ... Neun = 9, Zehn = 10, Bube = 11, Dame = 12, König = 13.

Spieler A zieht nun die oberste Karte von seinem Stapel ab und prüft, ob er sie bei sich oder bei Spieler B so an eine der offen ausliegenden Karten anlegen kann, dass sie mit dieser zusammen den Wert 10 oder 20 ergibt, andernfalls wird die Karte verdeckt beiseitegelegt, in die sogenannte Tonne. Und auf die kommt es an! Jetzt ist B an der Reihe, dann wieder A.

Ist etwa eine Vier bereits durch eine Sechs zu 10 ergänzt, darf daran auch eine Zehn gelegt werden, sodass sich 20 ergeben. Je mehr Plätze der beiden Fünferreihen zu 10 oder zu 20 ergänzt sind, desto schwieriger wird die Patience. Es werden viele Karten in die „Tonne“ wandern. Erst wenn alle ausgelegten Karten der beiden Fünferreihen zu 10 oder 20 ergänzt sind, kommt der zweite Durchgang. Alle Karten, abgesehen von denen in den beiden „Tonnen“, werden wieder eingenommen und gemischt und gleichmäßig an die beiden Spieler verteilt. Wieder werden zwei Fünferreihen ausgelegt. Das Spiel beginnt von neuem. Gegen Ende werden oft nicht mehr genügend Karten für je eine Fünferreihe vorhanden sein, dann ist das Spiel beendet. Jeder zählt die Karten in seiner „Tonne“ sowie die noch verbliebenen. Verloren hat der Spieler mit den meisten Karten.

Zopf

Spielerzahl: 1 — Schwierigkeit: hoch bis sehr hoch
Spieldauer: 10–15 Minuten — Karten: 2 x 52 Patiencekarten

Viele Patiencen sind wegen der schönen Bilder beliebt, die sich beim Auslegen ergeben. Dies ist sicherlich eine davon. So geht es los: Mischen Sie die beiden Spiele gut durch, ziehen Sie die obersten zwanzig Karten vom verdeckten Stapel ab und legen Sie diese offen zopfförmig aus, so wie dies die Grafik auf Seite 152 zeigt.

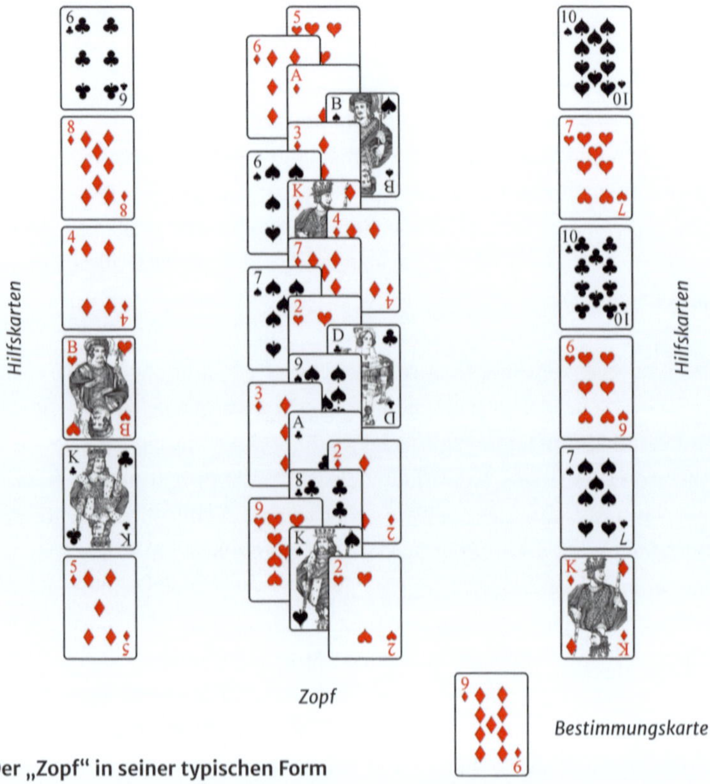

Der „Zopf" in seiner typischen Form

Nach Auslegen des Zopfes prüfen Sie, ob Karten gleicher Farbe mit gleichem Wert enthalten sind. Wenn ja, wird ein jedes solches Doppel herausgenommen, irgendwo in den Talon zurückgesteckt und durch eine neue Karte ersetzt, die Sie oben vom Talon abziehen. Danach ziehen Sie zwölf Hilfskarten vom Talon ab und legen sie in zwei Reihen zu je sechs Karten offen zu beiden Seiten des Zopfes aus. Die nächste Karte ist die „Bestimmungskarte". In unserem Fall ist es die Karo-Neun. Sie wird am unteren Rand unseres Spielfeldes offen ausgelegt. Alle übrigen sieben Neunen werden daneben ausgelegt, wenn sie beim Abziehen des Talons auftauchen oder beim Abbau des Zopfes und der Hilfskarten frei werden.

Vergleichen Sie nun Ihre Auslage mit unserer Grafik: Es liegt ein Zopf mit 20 Karten, 2 x 12 Hilfskarten und eine Bestimmungskarte.

Ziel ist es nun, auf diesen Bestimmungskarten echte Familien in steigender oder fallender Folge zu bauen. Ob Sie steigend oder fallend bauen, kommt darauf an, wie die Abbaumöglichkeiten sind, die der Zopf bietet. Sie dürfen nämlich zum Bau nur die jeweils unterste freiliegende Karte des Zopfes verwenden sowie die Hilfskarten und schließlich die jeweils oberste Karte des Hilfsstapels,

Dieser Hilfskartenstapel wird wieder eingenommen, nachdem der Talon abgespielt ist. Gemischt wird er nicht, sondern als Talon verdeckt in die Hand genommen und wiederum abgespielt. Dies darf insgesamt dreimal geschehen. Dann muss die Patience aufgegangen sein.

Plätze, die durch Wegnahme von zum Bau geeigneten Hilfskarten frei werden, werden vom Talon durch neue ersetzt. Die jeweils oberste und unterste – auf unserem Bild also Kreuz-Sechs, Karo-Fünf, Pik-Zehn und Karo-König – dürfen durch die jeweils unterste freie Karte vom Zopf ersetzt werden.

Sie müssen den Zopf so weit es geht aufflechten, um die Patience zu vollenden.

||| TIPP

Frei werdende Plätze in beiden Hilfskartenreihen müssen nicht sofort neu besetzt werden. Sie vorübergehend freizulassen und abzuwarten, bis Sie eine besonders günstige Karte vom Zopf hierfür freibekommen, ist oft klüger.

Wie soll es in unserer Grafik weitergehen? Es erscheint günstiger, fallend zu bauen, denn die Karo-Acht in den Hilfskarten können wir herausnehmen und an die Neun bauen. Der dadurch entstandene Freiplatz darf durch eine Karte vom Talon besetzt werden.

Auf die Neun kommt also die Acht, darauf die Sieben, Acht, Neun bis zur Zehn. Es müssen also am Ende alle Karten entsprechend untergebracht sein. Auf dem Tisch liegen dann acht Häufchen, die allesamt mit einer Zehn enden.

Sie haben eine faire 50:50-Chance, dass die Patience aufgeht!

Zwei bis Ass

Spielerzahl: 1 Schwierigkeit: mittel
Spieldauer: 5–10 Minuten Karten: 52 Patiencekarten

Mischen Sie die zweiundfünfzig Karten gut durch und legen Sie dann vierundzwanzig Karten nacheinander in drei waagerechten Reihen zu je acht Karten offen aus.

Die Zweien werden herausgenommen und über das Bild gelegt.

Schauen Sie nun, ob sich im Bild auch Anschlusskarten für echte Familien finden, die dann auf den Zweien aufbauen. Sie müssen also z. B. von Karo-Zwei über Karo-Drei, Karo-Vier ... Karo Bube, Karo-Dame, Karo-König, Karo-Ass gehen. Bei den Kreuz-, Pik- und Herz-Familien gilt dies natürlich auch.

Wichtig: Sie müssen farbecht bauen; eine Pik-Drei nützt uns also nichts, wenn noch keine Pik-Zwei ausliegt.

Die entstandenen Freiplätze werden sofort vom Talon neu besetzt. Geht gar nichts mehr, dann sammeln Sie das ganze Bild ein und mischen Sie neu. Die angefangenen Familien bzw. deren Grundkarten, die Zweien, bleiben natürlich liegen.
Vom neuen Talon zählen Sie diesmal achtzehn Karten ab, die in drei offenen Reihen zu je sechs Karten ausgelegt werden. Wieder bauen Sie und füllen die Freiplätze vom Talon. Jetzt müssten alle Karten des Talons auszulegen sein.

TIPP
Liegen alle Karten offen aus, dann sind auch alle auf ihren Familien unterzubringen.

Zwei Flügel

Spielerzahl: 1
Spieldauer: 5–10 Minuten
Schwierigkeit: mittel bis hoch
Karten: 2 x 52 Patiencekarten

Als Erstes werden die acht Könige herausgenommen und beiseitegelegt. Mischen Sie nun die 96 übrigen Karten gut durch und legen Sie vom Talon offen aus: zwanzig Karten links als fünf Reihen zu je vier Karten, zwanzig Karten rechts ebenfalls als fünf Reihen zu je vier Karten. Asse werden sofort genommen und zwischen die beiden Auslagen offen ausgelegt. Die freigewordenen Plätze werden vom Talon wieder neu besetzt.

Nun beginnt das eigentliche Spiel: Ziel ist es, auf den Assen aufbauend Familien in echter Farbfolge steigend bis zu den Damen aufzubauen. Die abgelegten Könige kommen erst zum Schluss auf die Damen.

Bauen Sie echte Familien in fallender Folge an die Reihe links außen vom linken Flügel und an die Reihe rechts außen vom rechten Flügel. Beim Bau frei werdende Karten dürfen zum Bau mitverwendet werden. Es darf auch von links außen nach rechts außen übernommen werden und umgekehrt. Liegt etwa rechts außen eine Pik-Neun und links außen eine Pik-Acht, dann darf diese Acht hinübergelegt werden auf die Pik-Neun. So dürfen ganze Folgen umgelegt werden. Beispiel: Links außen liegen Karo-Bube, Karo-Zehn, Karo-Neun. Rechts außen liegt eine Karo-Dame. Die Folge vom Karo-Buben bis zur Karo-Zehn darf hinübergenommen werden auf die Dame.

Immer dann, wenn Karten oder Kartenfolgen frei außen liegen, dürfen sie, falls möglich, steigend auf ihre Asse gebaut werden. Haben wir also etwa auf einem Karo-Ass bereits die Familie steigend gebaut bis zur Karo-Neun, dann darf die Folge Karo-Zehn bis Karo-Dame, die wir soeben von links nach rechts hinübergelegt haben, auf die Familie Karo-Ass bis Karo-Neun. Diese ist nun komplett bis auf den König, der ja nicht mitspielen darf.

Wenn alle Möglichkeiten erschöpft sind, sehen beiden Flügel sicherlich sehr zerfranst aus. Angelegte fallende Folgen sehen wie lange Federn aus, die an Stellen, wo abgebaut wurde, wie „gerupft“ wirken.

Dreimal darf der Talon durchgespielt werden, dann müssen die Flügel „ausgerupft“ sein: Alle Karten sind in ihren Ass-Familien untergebracht.

Als Krönung werden die Könige obenauf gelegt.

Zweimal vier

Spielerzahl: 1 Schwierigkeit: sehr niedrig
Spieldauer: 5–10 Minuten Karten: 52 Patiencekarten

Zum Schluss noch eine etwas anspruchslose Patience, damit Sie die zuvor in diesem Buch beschriebenen anspruchsvollen Patiencen auch wirklich zu schätzen wissen. Das Kartenspiel zu zweiundfünfzig Blatt wird auf diese Weise zehnmal durchgenommen: Ziehen Sie Karte für Karte vom Talon und zählen Sie dabei die aufsteigende Ordnung auf, also „Zwei, Drei, Vier ... Dame, König, Ass, Zwei, Drei ...“ und immer so weiter. Entspricht die abgezogene Karte dem aufgesagten Wert, wird sie herausgelegt. Zehnmal darf der Talon durchgespielt werden. Dann sehen Sie sich die herausgelegten Karten an. Sind mindestens einmal vier Karten des gleichen Wertes darunter, also etwa vier Damen, dann ist die Patience geglückt. Besonders gelungen ist sie, wenn zweimal je vier Karten eines Wertes herausgelegt wurden.

Kindern macht diese Patience Freude, denn sie können hier die Kartenwerte auswendig aufsagen und so „glänzen“. Das schult das Gedächtnis, die Motorik und macht zudem mit dem Kartenspiel vertraut.

Anhang

Patiencen: Die wichtigsten Begriffe von A–Z

Absteigende Ordnung: → Familien oder → Folgen werden von König, Dame, Bube etc. bis 4, 3, 2, Ass aneinandergereiht.

Aufsteigende Ordnung: Das Gegenteil von absteigender Ordnung. Man beginnt beim Ass, weiter mit 2, 3, 4 etc., und endet beim König.

Auslage: Bei vielen Patiencen wird eine Auslage der Karten in waagrechten und senkrechten Reihen vorgeschrieben. Dies gilt meist auch für Stoß, Talon, Grund- und Hilfskarten.

Block: Bei den Wettkampfpatiencen der Talon der einzelnen Spieler.

Durchspielen des Talons: Ein- oder mehrmaliges Durchspielen des Talons ist möglich.

Durchlaufende Werte: Auf König folgt Ass (und umgekehrt).

Einfaches/doppeltes Spiel: 52 oder 104 Karten.

Familien: So nennt man eine Menge von Karten, die alle Werte umfasst: vom Ass über die 2 bis zum König. Eine echte steigende (oder fallende) Folge ist eine steigende (oder fallende) Teilfolge von Kartenwerten mit gleicher Zeichnung. Eine unechte steigende (fallende) Folge ist eine steigende (fallende) Teilfolge von Kartenwerten mit alternierender Farbe (Rot, Schwarz, ...)

Farben: Patiencen werden mit den französischen Farben Herz, Karo, Pik und Kreuz (Treff) gespielt. Altdeutsche Karten mit Eichel und Schellen sind weniger geeignet.

Folgen/Sequenzen: Zwei oder mehrere aufeinander folgende Karten (z. B. König, Dame, Bube). Man unterscheidet: Folgen in gleicher Farbe (z. B. Rot/♥♦ oder Schwarz/♣♠). Das sind reine Folgen; Folgen in abwechselnden Farben (Rot/Schwarz, z. B. ♣8-♥9-♦10-♠B) sind gemischte Folgen. Springende Folgen haben gerade oder ungerade Werte (z. B. K-B-9-7). Zuletzt gibt es noch Folgen ohne Farbansicht, die von König über Ass gehen.

Folgekarten: Karten, die auf die Grundkarten zu liegen kommen.

Freiliegende Karten: Karten, die nicht von einer anderen bedeckt oder von mehreren eingeschlossen sind.

Grundkarten: Karten, auf denen die einzelnen Familien aufgebaut werden.

Hilfskarten: Karten, die ergänzend zu den Grundkarten bei einigen Patiencen ausgelegt werden.

Kartenwert: Der Wert einer Karte, z. B. Ass, Dame oder „8".

Reserve: Einzelkarten, die nicht zu den Hilfskarten gehören.

Stoß: Karten, die nicht ausgelegt werden können, kommen mit der Bildseite nach oben auf den Stoß.

Talon: Die nach dem Auflegen des Kartenbildes übrigen Karten.

Literaturhinweise

Anton, Friedrich: Encyclopädie der Spiele. Otto Wigand, Leipzig 1979.

Bamberger, Johannes: Die beliebtesten Kartenspiele. Perlen-Reihe Bd. 648. Deuticke Verlag, Wien 2000.

Blachetta, Walter: Das große Spielemagazin. Erich Klinghammer, Berlin 1942.

Collins Gem: Card Games. Harper Collins, Glasgow 1991.

Collins Gem: Card Games 2. Harper Collins, Glasgow 1992.

Danyliuk, Rita: Einmaleins der Kartenspiele. humboldt Verlag, Baden-Baden, 2003.

Diagram Group: Kartenspiele. Eichborn Verlag, Frankfurt am Main 1994.

Fournier, Felix Alfaro: Playing Cards. Heraclio Fournier, Vitoria 1982.

Gibson, Walter: Hoyle's Modern Encyclopedia of Card Games. Doubleday, New York 1974.

Grupp, Claus: Kartenspiele im Familien- und Freundeskreis. Falken-Verlag, Niedernhausen 1995.

Hoffmann, Detlef: Die Welt der Spielkarte. Hugendubel, München 1983.

Juhls, Hanne: Großes Patiencen-Buch. Franckh'sche Verlagshandlung, Stuttgart 1981.

Kastner, Hugo: Die große humboldt Enzyklopädie der Kartenspiele. humboldt Verlag, Baden-Baden 2005.

Koch, Karl-Heinz: Kartenspiele – einmal anders. humboldt Verlag, München 1986.

Lasker, Emanuel: Das verständige Kartenspiel. Scherl, Berlin 1929.

Lyncker, Ursula von: Das große Buch der Patiencen. Bassermann, Niedernhausen 1996.

Mala, Matthias: Das große Buch der Kartenspiele. Falken Verlag, Niedernhausen 1997.

Mertel, Edeltraud: Das große Buch der Patiencen. Keysersche Verlagsbuchhandlung, München 1987.

Mott-Smith, Morehead & Geoffrey: The Complete Book of Solitaire and Patience. Foulsham 1949/2001.

Omasta, Vojtech: Patience. Neue und alte Spiele. Slovart-Verlag, Prag 1983.

Parlett, David: A History of Card Games. Oxford University Press, London 1990.

Parlett, David: Card Games (Teach Yourself Books). Hodder & Stoughton, London 1996.

Parlett, David: The Penguin Book of Card Games. Penguin Books, London 1979.

Parlett, David: The Penguin Book of Patience. Penguin Books, London 1980.

Parlett, David: The Penguin Encyclopedia of Card Games. Penguin Books, London 2000.

Sackson, Sid: Playing Cards around the World. Prentice Hall, Upper Saddle River (New Jersey) 1975.

Sackson, Sid: Kartenspiele der Welt. Hugendubel-Verlag, München 1984.

Scarne, John: Scarne on Cards. London 1974.

Unger, Franz: Wir legen Patiencen. Pechans Perlen Reihe, Band 649, Wien 1964.

Wolter, Irmgard: Patiencen legen. humboldt Verlag, Baden-Baden 2003.